우리 강으로 만나는 우리 역사 우리 지리

주말에는 우리 강을 여행할래!

글쓴이 정은주

대학에서 문예 창작을 공부하고, 아이들을 가르친 적이 있습니다. 아이들의 초롱초롱한 눈과 통통 튀는 목소리와 생기 넘치는 발걸음을 무척 좋아한답니다. 책을 읽고, 무언가를 끄적거리는 것을 행복해하며 마음이 허허로울 때면 여행을 다니고, 새로운 것을 보는 것을 즐긴답니다. 지은 책으로는 《손으로 그려 봐야 우리 땅을 잘 알지(공저)》, 《신통방통 수원 화성》, 《GO GO 카카오맵스》, 《기차 타고 부산에서 런던까지》, 《우리나라 도시 지도책》 등이 있습니다.

그린이 김현영

어릴 적부터 만화책을 쌓아 놓고 간식 먹으며 늦게까지 노는 걸 좋아했습니다. 결국 미술을 하다 그만두고 뒤늦게 미국에서 일러스트를 공부했습니다. 지금은 두 아이를 키우며, 아이들과 제 일상을 그림으로 남기는 일과 책 속의 그림 만드는 일에 보다 더 열심입니다. 이번 작업은 아이들과 같이 강 따라 여행가고픈 마음을 담아 작업했습니다. 그린 책으로는 《내가 바로 바이러스》, 《까불이걸스》, 《필필 요술필》 등이 있습니다.

우리 강으로 만나는 우리 역사 우리 지리

주말에는 우리 강을 여행할래!

초판 1쇄 발행 2022년 12월 5일
초판 2쇄 발행 2023년 10월 2일

글쓴이 정은주 | **그린이** 김현영
펴낸이 홍석 | **이사** 홍성우 | **편집부장** 이정은 | **편집** 정미진·조유진 | **디자인** 권영은 | **외주디자인** 이진숙
마케팅 이송희·김민경 | **관리** 최우리·김정선·정원경·홍보람·조영행·김지혜
펴낸곳 도서출판 풀빛 | **등록** 1979년 3월 6일 제2021- 000055호 | **제조국** 대한민국 | **사용연령** 8세 이상
주소 서울특별시 강서구 양천로 583 우림블루나인 A동 21층 2110호
전화 02-363-5995(영업) 02-362-8900(편집) | **팩스** 070-4275-0445
전자우편 kids@pulbit.co.kr | **홈페이지** www.pulbit.co.kr | **블로그** blog.naver.com/pulbitbooks |
인스타그램 instagram.com/pulbitkids

ⓒ정은주, 김현영, 2022

ISBN 979-11-6172-538-3 73980

*책값은 뒤표지에 표시되어 있습니다. *파본이나 잘못된 책은 구입하신 곳에서 바꿔 드립니다.
*종이에 베이거나 긁히지 않도록 조심하세요. 책 모서리가 날카로우니 던지거나 떨어뜨리지 마세요.

우리 강으로 만나는 우리 역사 우리 지리

주말에는 우리 강을 여행할래!

글 정은주 • 그림 김현영

풀빛

작가의 말

우리 강과 친구가 되어 보세요

여러분은 맑은 강물에 발을 담가 본 적이 있나요? 강에 비친 푸른 하늘을 보고, 강물을 흔드는 바람을 느껴 본 적 있나요? 졸졸졸 이야기하는 강물의 이야기를 들어 본 적 있나요? 만약 아직 안 해 본 친구들이 있다면 꼭 해 보세요. 강이 얼마나 시원하고, 깨끗하고, 수다쟁이인지 알 수 있을 거예요.

어릴 때 저는 여름이면 가족들과 함께 강으로 자주 놀러 갔어요. 강을 무척 좋아하고, 사랑했던 아빠 덕분이었지요. 강에서 아빠는 물고기를 잡고, 엄마는 매운탕을 끓이고, 동생과 저는 하루 종일 놀았어요.

강은 더없이 좋은 놀이터였어요. 낮에는 수영을 하면서 강물 속을 실컷 구경했고, 해질녘에는 돌을 들춰 다슬기를 잡았어요. 강에서 머리를 감으면 손으로 머리를 만지지 않아도 강물이 머리카락을 씻어 주었어요. 새벽 강은 신비하고, 오후의 강은 활기차고, 저녁의 강은 아름다웠어요. 지금도 어릴 적 강의 모습이 눈에 생생해요.

지금 저는 우리나라를 여행할 때면 어느 지역에 어떤 강이 있는지 꼭 찾아봐요.

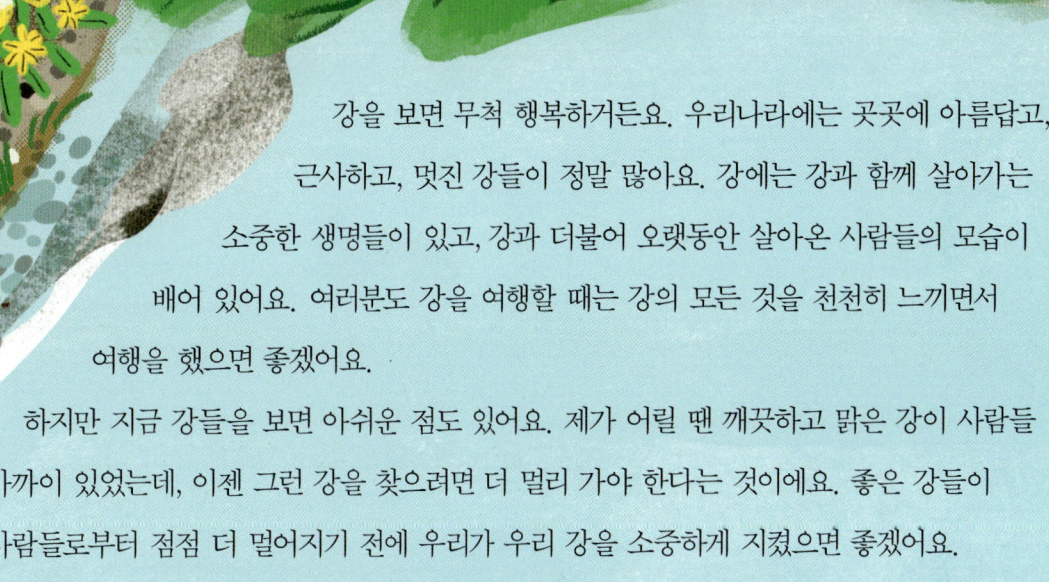

강을 보면 무척 행복하거든요. 우리나라에는 곳곳에 아름답고, 근사하고, 멋진 강들이 정말 많아요. 강에는 강과 함께 살아가는 소중한 생명들이 있고, 강과 더불어 오랫동안 살아온 사람들의 모습이 배어 있어요. 여러분도 강을 여행할 때는 강의 모든 것을 천천히 느끼면서 여행을 했으면 좋겠어요.

하지만 지금 강들을 보면 아쉬운 점도 있어요. 제가 어릴 땐 깨끗하고 맑은 강이 사람들 가까이 있었는데, 이젠 그런 강을 찾으려면 더 멀리 가야 한다는 것이에요. 좋은 강들이 사람들로부터 점점 더 멀어지기 전에 우리가 우리 강을 소중하게 지켰으면 좋겠어요.

이 책에는 일곱 개의 특별한 우리 강 이야기가 담겨 있어요. 우리가 자유롭게 갈 수 있는 다섯 개의 강과, 자유롭게 갈 수 없는 두 개의 강을 보여 주지요. 언뜻 보면 강들은 비슷해 보이지만 어떤 강도 똑같은 강은 없어요. 저는 여러분이 꼭 알았으면 하는 강과 그 강의 특징을 들려주고 싶어요. 책에 나오는 해운이와 예원이처럼 여러분도 이 책을 읽고 신나고 재미있고 알차게 우리 강을 여행했으면 좋겠어요.

우리 강은 언제나 여러분을 기다리고 있어요. 강에 가면 강을 보고, 강의 향기를 맡고, 강의 소리를 듣고, 강을 만져 보세요. 푸른 강을 향해 힘껏 소리도 지르고, 발도 굴러 보세요. 우리 강은 언제나 여러분의 최고의 친구가 되어 줄 거예요.

늘 강을 여행하고픈 작가 정은주

차례

- **4** 작가의 말 우리 강과 친구가 되어 보세요
- **8** 등장 인물 소개
- **10** 우리 강 여행을 떠날 거야!
- **13** 우리 강에는 어떤 특징이 있을까?

한강을 여행해요

- **18** 두 물이 만난 큰 강, 한강
- **22** 북한강에는 왜 댐이 많을까?
- **27** 사람들이 바꾼 섬, 여의도와 밤섬
- **32** [우리 강 놀이터] 한강과 더 친해져요!
  오두산 통일 전망대 | 청계천 | 청계천 박물관

금강을 여행해요
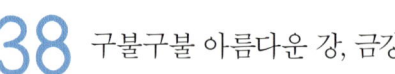 

- **38** 구불구불 아름다운 강, 금강
- **42** 반딧불이가 날아다니는 여울과 소
- **47** 금강 하구의 모습이 변했다고?
- **53** [우리 강 놀이터] 금강과 더 친해져요!
  군산항 | 공산성 | 부소산성

낙동강을 여행해요

58 우리나라에서 가장 긴 강, 낙동강

62 강물이 휘감아 도는 마을, 하회 마을

68 낙동강이 만든 우포늪

76 [우리 강 놀이터] 낙동강과 더 친해져요!
수로왕릉, 수로왕비릉, 구지봉 | 해인사 | 김해 낙동강 레일 파크

섬진강을 여행해요

82 보물이 많은 강, 섬진강

87 물이 부족한 곳들을 적셔 주는 섬진강

91 강물이 커다란 바위에 구멍을 냈다고?

95 [우리 강 놀이터] 섬진강과 더 친해져요!
남도 이순신 길 | 화개 장터와 남도 대교 | 최 참판댁

영산강을 여행해요

100 호남의 젖줄, 영산강

105 조상들이 만든 녹색 댐, 관방제림

109 강에 왜 등대가 있을까?

113 [우리 강 놀이터] 영산강과 더 친해져요!
나주 | 목포

압록강과 두만강을 여행하고 싶어요

118 국경선 역할을 하는 압록강과 두만강

122 압록강과 두만강에 있는 섬

등장인물 소개

이해운

안녕? 나는 강산 초등학교에 다니는 4학년 이해운이야. 만나서 반가워!
나는 가족들이랑 여행하고, 친구들이랑 신나게 놀고, 책을 보는 것을 좋아해.
호기심 많고, 궁금한 것이 있으면 꼭 알아야 하는 성격이지.
아빠가 이번 여름 방학에 강 여행을 하자고 했을 때 나는 좋아서 지구를 뚫고
우주로 날아가는 기분이었어! 여행 갔다 와서 친구들에게 꼭 자랑해야지!

이예원

나는 강산 초등학교에 다니는 2학년 이예원이야. 나는 노는 게 제일 좋아.
책 보는 건 별로지만, 그림 그리는 걸 아주아주 좋아해. 엄마는 나보고
촐랑촐랑 다닌다고 '촐랑 예원'이라 부르지만, 그림 그릴 때는 얼마나 얌전한데!
강을 여행하면서 강 그림을 많이 많이 그릴 거야.

아빠

나는 해운이와 예원이의 아빠야. 우리 땅 여행하는 것을 무척 좋아하지. 평일에는 바빠서 가족들이랑 많은 시간을 보내지 못하지만, 주말이면 같이 여행을 떠나고 재미있게 놀려고 노력하고 있어. 이번 여름에는 해운이랑 예원이랑 여행하면서 우리 강에 대해 속속들이 알려 주고 싶어.

엄마

나는 해운이와 예원이의 엄마야. 이번 여름 바빠서 가족들과 강 여행을 못 하는 것이 무척 섭섭하지만, 가족들이 내 몫까지 신나게 놀고 왔으면 좋겠어. 바쁜 일이 끝나면 나도 아이들과 함께 강 여행을 꼭 할 거야.

우리 강 여행을 떠날 거야!

여름 방학이 몇 주 남지 않은 일요일 저녁이었어. 우리 가족은 저녁밥을 먹으려고 식탁에 둘러앉았어. 아빠는 여름휴가를 어디로 갈지 밥 먹고 가족회의를 하자고 했지. 그런데 엄마가 무슨 일인지 한숨을 길게 쉬는 거야.

"여보…… 나는 이번 여름휴가 못 갈 거 같아."

"뭐라고?"

우리는 눈이 동그래져서 엄마를 바라봤어.

"회사에 갑자기 일이 많아져서 말이야. 올해는 직원들 모두 가을에 휴가를 쓰기로 했어."

엄마는 우리에게 정말 미안하다고 연거푸 말했지. 나는 1년에 한 번뿐인 여름 방학을 아무 데도 안 놀러 가고 엄청 심심하게 보낼 걸 생각하니 기운이 쭉 빠졌어. 그러자 곰곰 생각하던 아빠가 말했어.

"어쩔 수 없지, 뭐. 아빠가 엄마 몫까지 두 배로 재미있게 해운이, 예원이 데리고 휴가를 다녀오면 되지. 얘들아, 아빠랑 신나게 놀고 오자!"

우리는 "와!" 하고 소리쳤어. 예원이는 좋아서 팔짝팔짝 뛰다가 아빠 볼에 뽀뽀

까지 했어.

"아빠, 우리 물놀이하러 가자!"

예원이가 두 손을 번쩍 들고 말했어.

"해운이는?"

"나도! 시원한 물에서 신나게 놀고 싶어."

예원이와 나를 번갈아 보던 아빠는 손바닥으로 무릎을 탁! 쳤어.

"그럼 우리 이번에는 강으로 여행 가자. 강가에서 캠핑도 하고 여러 가지 체험도 해 보는 거야!"

우리는 박수를 치며 신나 했어.

"어머, 괜찮은 생각이다! 당신, 우리나라 강이라면 지리면 지리, 역사면 역사, 모르는 게 없잖아. 백문이 불여일견! 100번 듣는 것보다 한 번 보는 게 낫다고, 애들 데리고 가서 우리 강 공부 좀 시켜 줘."

역시 공부에 관심이 많은 엄마다운 말이었어.

"그거 좋은 생각인데? 여행도 하고 공부도 하고. 너희 생각은 어때?"

아빠 말에 우리 둘은 잠시 마주 보다 고개를 끄덕였어. 공부는 별로지만, 여름 방학 내내 집에만 있는 것보다는 훨씬 재미있을 거야.

"아빠도 미리 열심히 공부해 둬야겠다. 음…… 아니면 여름휴가 때까지 기다리지 말고 돌아오는 주말부터 우리나라 강을 하나씩 여행해 볼래?"

우리는 동시에 두 손을 번쩍 들고 "만세!"를 외쳤어. 나는 초등학교 1학년 때 가족들과 강에서 놀았던 일이 떠올랐어. 그때 예원이랑 하루 종일 물장구치고, 아빠랑 물고기를 잡았거든. 정말 재미있었지! 나는 다음 주부터 다시 강으로 놀러 갈 생각에 벌써부터 마음이 두근거렸어.

우리 강에는 어떤 특징이 있을까?

저녁밥을 먹고 식탁을 말끔히 치운 아빠는 여행에 필요한 준비물을 종이에 써 내려갔어. 캠핑을 하게 된다면 더 많은 준비물이 필요할 거라고 했지.

"얘들아, 우리 강을 여행하기 전에 알아 두면 좋은 것들이 있어."

"뭔데?"

예원이가 눈을 동그랗게 뜨고 물었어.

"너희 '강'이 뭔지 아니?"

"강? 나 알아. 크고 푸른 물이야!"

내가 자신 있게 말했어.

"아니거든? 계속 흐르는 물이거든? 아빠, 내 말이 맞지?"

예원이가 나보다 더 큰 목소리로 대답했어.

"해운이 말도 맞고, 예원이 말도 맞아. 강은 넓고 길게 흐르는 물줄기야. 또 바닷물이랑은 다르게 짜지 않지. 그러면 강은 어떻게 만들어질까?"

이번 질문에는 우리 둘 다 답을 못 했어. 강은 원래부터 있던 거 아닌가?

"산과 들에 내리는 작은 빗방울이 모여 작은 시내를 이루고, 시내들이 모여 강을 이루는 거야. 시내나 강처럼 정해진 물길을 따라 흐르는 크고 작은 모든 물줄기를 '하천'이라고 하지. 얘들아, 우리나라에 몇 개의 하천이 있는지 아니?"

"음…… 100개?"

나는 모기 소리만큼 작은 소리로 대답했어. 맞는지 자신이 없었거든.

"우리나라에는 약 4천 개의 하천이 있어. 정말 많지? 그중 물의 양이 많고 크고, 우리나라를 대표하는 10대 하천으로 한강, 금강, 낙동강, 섬진강, 영산강, 만경강, 형산강, 동진강, 안성천, 삽교천이 있어. 그런데 그거 아니? 우리나라 하천은 대부분 동쪽에서 서쪽으로 흘러."

"왜?"

예원이가 고개를 갸웃했어.

"물은 높은 곳에서 낮은 곳으로 흘러가지? 우리나라 땅은 동쪽이 높고 서쪽이 낮아. 다시 말해서 '동고서저형'이지. 그래서 강물이 동쪽에서 서쪽으로 흐르는 거야. 또 우리나라는 계절마다 비의 양이 크게 달라서 강물의 양도 계절마다 차이

어느 강을 여행해 볼까?

"하나, 둘, 셋……. 우아, 강이 진짜 많아!"

"다 가 보면 안 돼?"

가 많이 나. 여름에는 비가 많이 와서 강에 홍수가 나기도 하고, 반대로 겨울에는 가물기도 해."

나는 지난여름 비가 많이 와서 강 주변에 사는 사람들이 대피했다는 뉴스를 들은 기억이 떠올랐어.

"강은 땅의 모양을 변화시키기도 해. 강물이 빠르거나 느리게 흐르다 보면 주변 땅이 깎이는데 이걸 '침식'이라고 해. 흙과 바윗덩어리를 실어 나르는 '운반', 강 언저리에 흙이나 모래 등이 쌓이는 '퇴적'도 일어나지. 우리나라에는 이렇게 강이 만들어 놓은 아름답고 멋진 곳이 많아."

"우아, 강은 정말 힘이 세구나!"

"하하, 맞아! 그럼 우리나라 어디에 어떤 강이 있는지 한번 볼까? 보면서 어디를 여행할지 정해 보자."

아빠는 책꽂이에서 우리나라 지도를 꺼내 보여 주면서 강을 찾아보라고 했어. 우리는 눈을 크게 뜨고 지도 위에 연필로 동그라미를 그렸어. 하나, 둘, 셋……. 우리 땅에는 크고 작은 강이 아주아주 많았어.

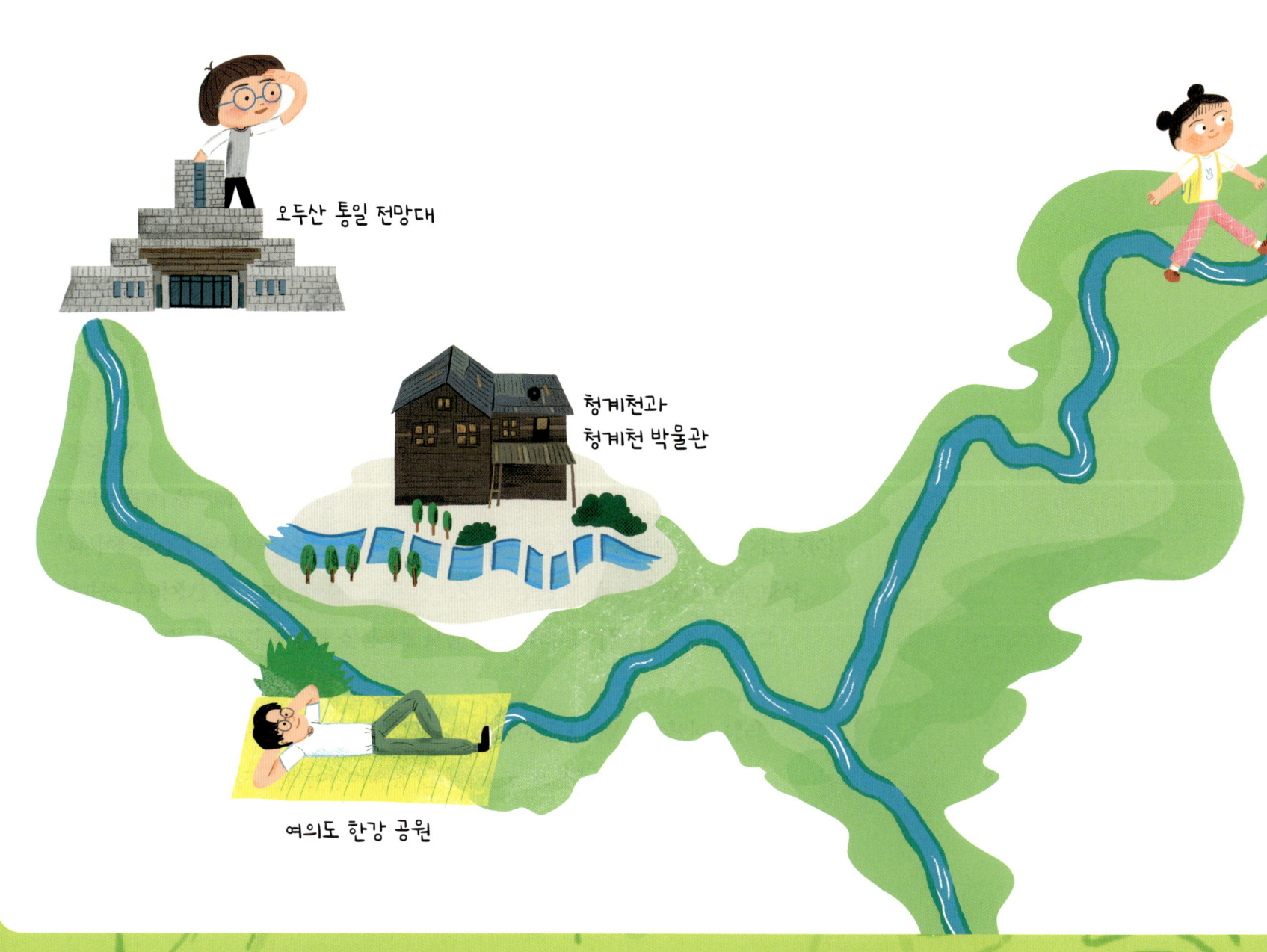

소양호와 소양강 댐

한강을 여행해요

한강은 '넓은 강', '큰 강'이라는 뜻이에요.
고구려 때는 '아리수', 조선 시대에는 '한가람'이라고 불렸지요.
한강은 우리나라 수도인 서울에 사는 시민들의 수돗물과 생활용수로 쓰이고,
한강과 서해가 만나는 갯벌은 다양한 생물의 터전이 되어 주고 있지요.
또 한강에는 강을 따라 조선과 백제의 문화 유적이 많이 남아 있어요.
수많은 생명을 살리고 역사가 살아 숨 쉬는 한강을 여행해 봐요!

두 물이 만난 큰 강, 한강

드디어 강을 여행하기로 한 토요일 아침이 밝았어. 예원이랑 나는 평소보다 더 일찍 일어나서 아빠를 깨웠어. 침대에 딱 붙어서 잠을 자고 있는 아빠의 귀에 예원이가 큰 소리로 노래를 부르자 아빠가 벌떡 일어났지.

우리 셋은 아침밥을 후다닥 먹고, 엄마가 싸 준 간식을 들고 차에 훌쩍 올라탔어.

"아빠, 우리 어디부터 가?"

예원이가 엉덩이를 들썩이며 물었어.

"오늘은 북한강을 보러 춘천으로 갈 거야."

"북한강? 한강하고 이름이 비슷하네?"

나는 학교에서 선생님이 커다란 서울 지도를 보여 주며 서울의 중심을 흐르는 강이 한강이라고 알려 줬던 게 생각났어.

"이름은 비슷하지만 두 강은 다른 강이야. 한강은 강원도와 경기도, 서울 등을 흐르는 우리나라에서 두 번째로 긴 강이야. 강원도 태백산에 있는 '검룡소'라는 작은 골짜기에서 시작해서 서해와 만나는 강이지. 그런데 검룡소에서 경기도 양평까지 흐르는 강을 남한강이라고도 불러. 북한강은 북한에 있는 금강산에서 시작해 강원도를 지나 양평까지 흐르는 강이야. 한강보다는 길이가 짧지. 북한강은 양평에서 남한강과 만나, 같이 서해로 흘러가."

"두 강이 만난다고? 그럼 강이 하나일 때보다 더 크겠네?"

예원이가 두 손가락 끝을 맞대며 말했어.

"그렇지. 한강과 북한강이 만나는 곳을 두 물이 만나는 곳이라고 해서 '두물머리'라고 해. 조선 시대 한강에는 큰 나루터가 많았는데, 두물머리에도 큰 나루터가 있었어."

"나루터가 뭐야?"

"하하, 예원이가 궁금한 게 많구나! 나루터는 말이야……"

"내가 알려 줄게! 학교에서 배웠거든. 나루터는 옛날에 배가 드나들던 곳이야. 맞지, 아빠?"

경기도 양평군에 있는 두물머리 나루터예요.

아빠가 웃으며 고개를 끄덕였어.

"한강에 왜 나루터가 많았어?"

예원이가 나를 빤히 쳐다보며 물었어. 나는 이번에는 선뜻 대답할 수가 없었어. 이유까지는 몰랐거든.

"그건 아빠가 설명해 줄게. 지금은 차가 많고 도로가 잘 발달했지만, 옛날에는 아니었어. 우리나라는 3면이 바다로 둘러싸여 있잖아? 그래서 옛날에는 바닷길과 강을 교통로로 자주 이용했단다. 특히 조선 시대에는 전국의 모든 물자를 배에 실어서 한강을 통해 수도인 한양으로 보냈기 때문에 한강에 나루터가 많이 필요했지. 나루터가 지금의 기차역이나 버스 터미널, 공항 같은 역할을 했다고 보면 돼."

"옛날 사람들한테 한강이랑 나루터는 정말 중요했겠네?"

"응. 한강은 백제 시대부터 지금까지 약 2천 년 동안 수도에 있는 중심 강으로서 중요한 역할을 해 왔어. 그래서 오늘날에도 우리나라를 대표하는 강으로 한강을 으뜸으로 꼽는단다."

"아빠, 나도 한강이 좋아. 넓은 한강 공원에서 뛰놀면 진짜 진짜 재밌거든!"

예원이는 얼마 전에 학교 현장 학습으로 한강 공원에서 재미있게 놀았다며 쉬지 않고 자랑했어. 나는 아빠 이야기를 들으니까 한강의 나루터가 보고 싶어졌어.

"아빠, 지금도 한강에 나루터가 있어?"

"아니, 안타깝지만 지금은 없어. 빠르고 편리한 자동차가 많아지면서 한강을 다니던 배들이 사라졌고, 나루터도 점점 사라졌지. 대신 나루터들이 있던 곳은 한강의 남과 북을 연결하는 다리들이 만들어지면서 지금은

> **한강의 나루터와 다리들**
> 조선 시대 한강에는 특히 유명한 나루터 다섯 곳이 있었어요. 네 곳에는 오늘날 다리가 만들어졌지요. 한강진 나루터에는 한남 대교, 광나루터에는 광진교, 뚝섬 나루터에는 영동 대교, 삼밭 나루터에는 잠실 대교가 세워졌지요. 송파 나루터는 한강이 개발되면서 송파강과 함께 사라졌어요.

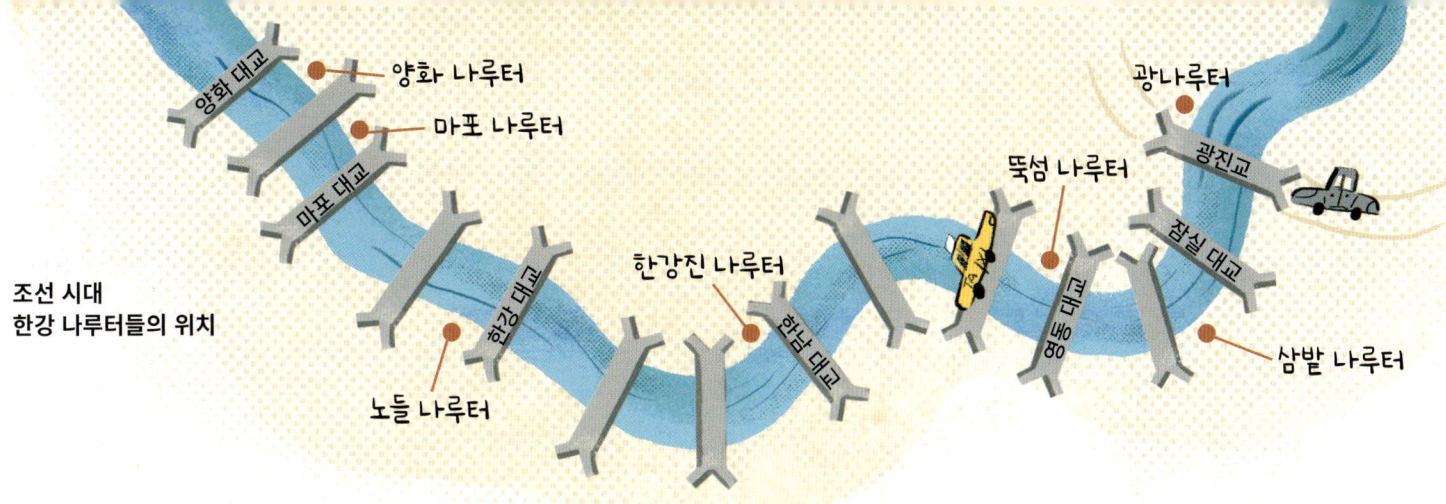

조선 시대 한강 나루터들의 위치

교통로로 이용되고 있단다. 다음에 한강을 여행할 때 나루터가 있던 흔적을 보여 줄게."

"정말? 우아, 신난다!"

아빠는 고개를 끄덕이면서 이제 곧 북한강이 보일 거라고 말했어. 아빠가 주변 경치를 구경하라고 창문을 내려 주자, 차 안으로 시원한 바람이 가득 밀려 들어왔어. 나는 이 바람을 타고 우리 차가 붕 떠서 우리 강을 한눈에 내려다보면 얼마나 멋질까 생각했어.

북한강에는 왜 댐이 많을까?

우리는 차를 타고 고갯길을 한참 올라갔어. 주차장에 도착하고 차에서 내린 우리는 아빠 뒤를 졸졸 따라갔지. 언덕길을 조금 걸으니 파란 물로 가득한 크고 넓은 곳이 눈앞에 펼쳐졌어.

"우아! 아빠, 여기가 어디야? 물이 엄청 많아!"

눈이 휘둥그레진 예원이가 말했어.

"여기는 소양호야."

"이렇게 높은 곳에 어마어마하게 많은 물이 있다니 진짜 신기해. 그런데 다른 강처럼 물이 빨리 흐르지 않네?"

나는 주변에 높이 솟은 산들을 둘러보며 말했어.

"맞아, 여긴 강이 아니라 호수거든. 호수는 우묵하게 들어간 땅에 물이 가득 고인 곳을 말하는데, 강보다는 물살이 훨씬 잔잔해. 소양호는 우리나라에서 가장 큰 인공 호수야. 물이 자연스럽게 흘러 고이거나 빙하가 녹아서 생긴 자연 호수가 아니라, 사람의 힘으로 만든 호수란다."

"이렇게 큰 호수를 사람이 만들었다고? 어떻게?"

나는 아빠 말이 믿기지 않았어.

"우선 사람들이 왜 호수를 만들었는지 알아볼까? 비가 내리면 빗물은 보통 땅속으로 스며들거나 하천으로 흘러가. 하지만 비가 너무 많이 오면 하천이 흘러넘쳐서 사람들이

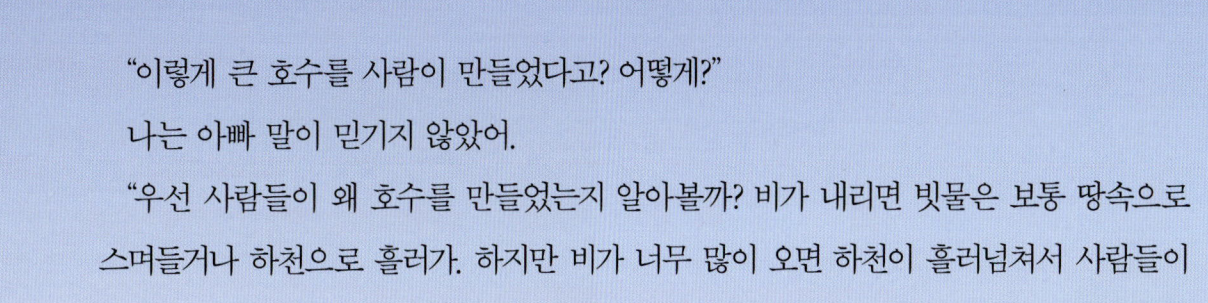

큰 피해를 입는단다. 사람들은 피해를 줄이려고 오랜 옛날부터 '댐'을 만들었어. 비가 많이 올 때 물을 가둔 다음, 비가 안 올 때 그 물을 사용했지. 소양호는 이렇게 댐을 만들면서 생긴 호수야."

"아빠, 할아버지네도 댐 있잖아. 거기는 이렇게 크지 않았는데……."

"할아버지네 있는 댐은 가물었을 때 농사에 필요한 물을 대려고 만든 작은 댐이야. 소양강 댐은 농업용수는 물론이고 생활용수, 공업용수로도 사용하려고 만든 다목적 댐이고."

큰 댐은 물의 낙차를 이용해 수력 발전을 해요.

"아하! 물이 많이 필요해서 이렇게 큰 댐을 만들고, 이렇게 큰 호수가 생긴 거구나."

"예원이 말이 맞아. 사람들은 물이 풍부할 때 댐의 수문을 닫아 물을 가두고, 물이 부족할 때는 수문을 열어 필요한 곳에 사용해. 큰 댐은 높은 곳에서 낮은 곳으로 떨어질 때 생기는 높낮이 차이, 다시 말해서 물의 낙차를 이용해서 수력 발전도 하지. 춘천은 우리나라에서 댐과 인공 호수가 가장 많은 도시라서 '호반의 도시'라고도 불러. 춘천에는 북한강이 흐르고 있어서 댐이 많이 만들어졌단다."

"북한강이랑 댐이랑 무슨 상관이야?"

나는 궁금해하는 얼굴로 아빠에게 물었어.

강의 상류와 중류, 하류

강의 상류는 강이 시작되는 부분을 말해요. 강폭이 좁고 경사가 급하며 물의 속도가 빠르지요. 강물은 상류에서 중류로 흘러요. 중류는 상류보다 강폭이 넓고 강이 구불구불하며, 작고 둥근 자갈들이 많아요. 하류는 강의 아랫부분으로 강폭이 가장 넓고 경사가 완만하며 강물의 속도가 느려요.

"북한강은 산과 계곡이 많아서 댐을 짓기에 좋고, 물의 양이 풍부해서 물을 많이 저장할 수 있어. 북한강이 흐르는 곳에는 소양강 댐, 임남 댐, 화천 댐, 춘천 댐, 의암 댐 등 여러 댐이 있어. 그중에서 소양강 댐은 우리나라에서 저수 용량이 가장 크고, 높이가 123미터나 되는 아주 큰 댐이란다."

"아빠, 우리나라에 큰 댐이 더 많이 만들어지면 좋겠어! 이렇게 크고 멋진 호수가 더 많이 생길 테니까 말이야."

예원이가 호수를 향해 두 손을 크게 벌리며 말했어. 아빠는 잠시 가만히 생각하더니 고개를 저었어.

"얘들아, 댐이 장점만 있는 건 아니야. 댐을 만들면 원래 그곳에 살던 사람들과 동식물은 어떻게 될까?"

나는 곰곰 생각했어.

"물에 잠길 것 같아."

"맞아. 그곳에 살던 사람이나 동물은 삶의 터전을 잃고 다른 곳으로 떠나야 해. 또 물은 상류에서 하류로 흐르는 게 자연스러운데, 댐을 건설하면 물이 제대로 흐르지 못해서 상류 쪽에 흙과 모래가 쌓이고, 댐 안에 있는 물은 순환하지 못해서 썩기도 해. 인공 호수 주위에는 안개와 습도가 증가해서 사람들에게 피해를 주기도 하고 말이야. 그래서 사람들은 건강한 생태계를 위해 댐 건설에 반대하기도 해."

"댐을 만들면 생활이 편리해지지만, 여러 가지 문제가 생기는구나. 그럼 어떡하지? 모두에게 이로운 댐은 없을까?"

예원이가 얼굴을 찡그리며 말했어. 나도 이리저리 생각해 보았지만 딱히 좋은 방법이 떠오르지 않았어.

"콘크리트로 만든 댐 대신 '녹색 댐'을 만들면 돼."

"녹색 댐? 그게 뭔데?"

"녹색 댐은 쉽게 말해서 숲이야. 숲에 있는 나무들은 비가 많이 올 때 흙과 나무뿌리에 물을 머금었다가 평상시에 물을 서서히 흘려보내. 녹색 댐을 만들면 홍수나 가뭄에 대비할 수 있고 자연을 해치지 않아. 또 사람이나 동물도 터전을 잃지 않으니까 일석이조의 효과를 거둘 수 있지."

"학교에서 숲은 공기를 맑게 하고 동물과 사람에게 쉼터도 되어 주고, 먹을거리도 준다고 배웠어. 숲은 정말 좋은 일을 많이 하는구나!"

"맞아, 숲은 사람과 동물에게 꼭 필요한 곳이야. 얘들아, 우리 조금 더 걸어가서 소양강 댐을 둘러보자."

소양강 댐은 얼마나 큰지 마치 산에 사는 거인 같았어. 때마침 댐의 수문이 개방돼서 어마어마한 물이 힘찬 물소리를 내며 물안개와 함께 쏟아졌어. 예원이와 나는 처음 보는 광경에 입을 다물지 못했어.

그날 저녁 나는 예원이와 거실 탁자에 나란히 앉아 일기를 썼어. 일기장에 아빠가 들려준 댐 이야기를 썼지. 예원이는 그림일기에 그림을 그렸어. 회색 댐 위에 초록색 나무를 많이 그렸는데, 나무들은 모두 활짝 웃고 있었어.

효과 좋은 녹색 댐 만들기
녹색 댐의 효과를 높이려면 숲을 잘 가꿔야 해요. 특히 잎이 뾰족뾰족한 침엽수보다, 물을 저장하는 능력이 좋은, 잎이 넓은 활엽수를 심는 것이 좋아요.

사람들이 바꾼 섬, 여의도와 밤섬

북한강에 다녀온 다음 날 아침이었어. 아빠가 나랑 예원이를 깨우며 한강에 있는 특별한 섬을 보러 가자고 했어.

아빠는 배낭에 돗자리와 물통을, 예원이는 젤리를, 나는 과자와 음료수를 꾹꾹 눌러

담고 집을 나섰어. 우리는 지하철을 타고 여의나루역에 내려서 여의도 한강 공원까지 걸어갔어. 공원에는 자전거 타는 사람, 나무 그늘에 앉아 쉬는 사람, 유람선을 타려고 기다리는 사람으로 가득했어.

"와! 사람이 엄청 많아."

예원이가 주위를 두리번거리며 말했어.

"한강 공원은 사람들에게 늘 인기가 많아. 애들아, 오늘은 이곳에서 한강을 보고, 배우고, 신나게 놀아 보자."

"높고 큰 빌딩이 많네? 여기는 우리 동네하고 많이 다른 것 같아."

"해운이가 잘 봤어. 여의도는 우리나라를 대표하는 금융사와 방송사가 모여 있고, 정치의 중심지이기도 한 섬이야."

"여기가 섬이라고?"

나는 아빠 말을 듣고 무척 놀랐어. 섬은 바다에만 있는 줄 알았거든.

"그럼. 여의도는 한강이 만든 섬이자 사람들이 만든 섬이야. 강물은 구불구불 흐르면서 상류에 있는 흙과 모래를 하류에 쌓아. 쌓인 흙과 모래는 시간이 지나면서 점점 단단해지고 섬이 되지. 이런 식으로 하천 안에 만들어진 섬을 '하중도'라고 하는데, 여의도는 한강에 있는 하중도야. 옛날에 여의도는 사람들에게 알려지지 않은 작은 모래섬이었어. 조선 시대에는 왕실의 양이나 돼지 등을 기르는 곳으로 사용되다가, 1916년 간이 비행장이 건설되고 우리나라 최초 비행사 안창남이 비행 행사를 하면서 조금씩 사람들에게 알려졌지. 그러다 한국 전쟁이 일어나고 1960년대 폐허가 된 서울을 개발하면서

하중도가 만들어지는 과정

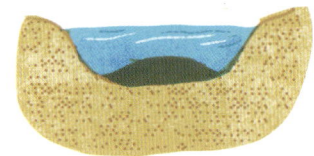

① 강물이 천천히 흐르면서 상류에서 내려온 흙과 모래 같은 퇴적물들이 강 한가운데에 쌓여요.

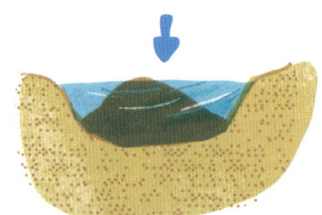

② 흙과 모래는 점점 더 많이 쌓이고 단단해져요.

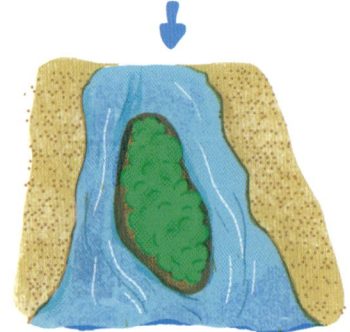

③ 쌓인 흙과 모래가 섬이 됐어요. 이처럼 하천 안에 만들어진 섬을 '하중도'라고 해요.

> **한강의 기적**
> 1950~1953년 동안 이어진 한국 전쟁 이후 가난했던 우리나라는 정부와 국민이 힘을 합쳐 눈부신 경제 성장을 이루어 냈어요. '한강의 기적'은 세계 사람들이 빠르게 발전하는 우리나라의 모습을 보고 한 말이에요. 제2차 세계 대전 후 전쟁의 폐허를 극복하고 성장한 독일의 '라인강의 기적'에 빗대어 표현한 것이지요.

여의도로 개발됐어."

"아하, 그래서 여의도가 사람들이 만든 섬이라는 거구나!"

"응. 여의도는 원래 작고, 비가 많이 오면 한강 물이 범람해서 위험한 곳이었어. 그런 섬을 사람들은 둘레에 제방을 쌓고 빈 땅을 메웠지. 또 다리들을 세워 육지와 연결시키고 높은 건물들을 지어 오늘날의 여의도를 만들었단다. 그런데 안타깝게도 여의도를 화려하게 변신시키는 과정에서 사라진 섬이 있어."

"섬이 없어졌다고?"

내 물음에 아빠가 고개를 끄덕였어.

"바로 여의도 옆에 있던 '밤섬'이야. 모양이 밤같이 생겼다고 해서 이름 지어진 섬이지. 밤섬은 조선 시대에는 뽕밭으로 쓰였어. 여의도와 가까워서 한강의 수량이 적을 때는 모래사장으로 이어져 두 섬이 하나의 섬이 되기도 하고, 수량이 많을 때는 두 섬 모두 물에 잠기기도 했어. 그러다 밤섬은 사람들이 여의도 개발에 필요한 모래와 자갈을 얻으려고 폭파해 버리면서 사라지고 말았단다."

"섬을 없애다니 너무해!"

예원이가 얼굴을 찌푸렸어.

"밤섬에 살던 사람들은 모두 떠나야 했고, 시간이 지나면서 밤섬은 점점 잊혔어. 하지만 섬이 사라지고 약 20년이 흘러 밤섬은 다시 살아났어."

"진짜? 어떻게?"

"한강이 끊임없이 쌓은 모래 덕분에 되살아난 거지. 섬에는 갈대와 명아주, 버드나무

밤섬과 서강 대교

> **한강의 섬**
>
> 한강에는 원래 잠실도, 난지도, 율도(밤섬), 저자도 등 열 개의 하중도가 있었어요. 하지만 한강 개발로 잠실도, 저자도, 부리도가 사라졌지요. 한강에는 사람이 만든 인공 섬도 있어요. 바로 2014년 복합 문화 공간으로 조성된 '세빛섬'이에요.

등의 식물들이 자라났고, 백로와 물떼새, 왜가리 같은 새들이 먹이를 찾아 날아들었어. 밤섬은 수풀이 우거지고 다양한 철새가 찾아오는 도심 속 습지가 되었지. 하지만 예전처럼 사람들이 섬에 자유롭게 드나들 수는 없어. 1999년 8월 생태 경관 보전 지역으로 지정되어 서울시의 보호를 받고 있거든."

"밤섬을 아끼고 보호해야 하기 때문이지?"

"맞아. 다시 태어난 섬이니 더 잘 보살펴야겠지? 얘들아, 저기 보이는 다리가 서강 대교야. 저 다리 양쪽으로 밤섬이 있어."

우리는 아빠가 가리킨 곳을 손가락 안경으로 바라보았어.

"오빠, 저기 밤섬이 보여!"

정말 멀리 밤섬이 보였어. 우리는 밤섬을 향해 앞서거니 뒤서거니 하며 신나게 달려갔어. 우리는 한강이 다시 만들어 낸 소중한 섬, 밤섬으로 가까이, 더 가까이 다가갔어.

우리 강 놀이터

한강과 더 친해져요!

한강과 임진강이 만나는 곳에서 북한을 볼 수 있는
오두산 통일 전망대

◉ 장소 : 경기도 파주시 탄현면 필승로 369

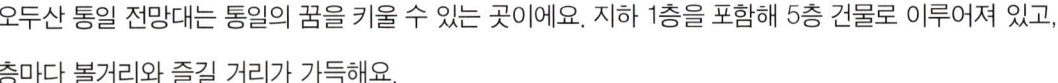

오두산 통일 전망대는 통일의 꿈을 키울 수 있는 곳이에요. 지하 1층을 포함해 5층 건물로 이루어져 있고, 층마다 볼거리와 즐길 거리가 가득해요.

▶ 지하 1층 어린이 체험관에서는 한국 전쟁 배경의 애니메이션을 볼 수 있어요. 비무장 지대에 사는 동물 그림을 색칠하고, 북한 친구들의 학교생활과 학교 과목, 명절, 오락 등을 살펴볼 수 있어요.

▶ 1층에서는 북한 평양까지 철도가 이어지기를 바라는 바람이 담긴 KTX 기차 모형과 우리나라 분단의 역사를 여러 시각 자료를 통해 볼 수 있어요.

▶ 2층에서는 북한에 고향을 두고 떠나온 사람들의 사진과 그림, 북한 주민들의 생활 모습을 볼 수 있어요. 북한 학생들이 보는 만화 영화도 관람할 수 있어요.

임진강

북한 함경남도 두류산에서 시작해 남쪽으로 흘러 한강과 만나 서해로 흐르는 강이에요. 한강과 만나는 강 중 가장 큰 강으로 총 길이가 254킬로미터나 되지요. 길이의 3분의 2는 북한 땅에 있어서 우리가 쉽게 볼 수 있는 강은 아니에요.

▶ 3, 4층은 전망실이에요. 오두산 통일 전망대에서 북한 땅은 3.2킬로미터밖에 떨어져 있지 않아서 맑은 날에는 맨눈으로도 볼 수 있어요. 망원경으로 보면 북한 황해도의 산천과 집들도 볼 수 있지요. 한강과 임진강이 만나는 곳도 살펴보세요.

이곳은 서해와 가까워서 하루에 두 번 물이 차오르는 만조 현상과 물이 빠져나가는 간조 현상도 볼 수 있는데, 간조 때는 강바닥이 훤히 보여요.

한강으로 흘러드는 가장 유명한 하천
청계천

⊙ 장소 : 서울시 종로구와 중구

서울의 지하철 시청역, 종로5가역, 동대문역사공원역에서 내리면 쉽게 찾아갈 수 있어요.

청계천은 청계 광장에서 출발하여 여러 개의 다리를 지나, 북쪽에서 흘러온 중랑천을 만나 한강으로 흘러가는 하천이에요.

▶ 조선 시대에는 '개천'으로 불리며 수도 한양을 가로질러 흐르던 하천이었어요. 청계천을 중심으로 북쪽에 궁궐과 종묘, 중요한 관청들이 있었고, 남쪽에는 백성들의 집이 있었어요. 또 백성들이 청계천을 건널 수 있도록 해 주는 아홉 개의 다리가 있었지요.

▶ 일제 강점기와 한국 전쟁 후 많아지는 쓰레기로 청계천은 점점 오염되었어요. 정부는 교통로 확보를 위해 1958~1970년 중반 청계천을 덮고, 그 위에 도로를 만들었어요.

▶ 2003년 7월, 사람들은 약 40년 동안 청계천을 덮고 있던 콘크리트를 없애고 복원을 시작했어요. 오늘날 버드나무와 물고기, 징검다리가 있는 청계천은 서울에서 가장 인기 있는 하천으로, 시민들의 쉼터로 자리 잡았답니다.

오늘날의 청계천(위)과 옛날 청계천(아래)의 모습이에요.

청계천의 역사를 들여다볼 수 있는
청계천 박물관

◉ 장소 : 서울시 성동구 청계천로 530

청계천을 더 알고 싶을 때는 청계천 박물관으로 가 보세요.

▶ 청계천의 역사와 청계천 주변에 살았던 사람들의 사진 자료와 도서들을 볼 수 있어요. 또 조선 시대 한양의 지도와 청계천의 옛 모습 모형도 볼 수 있어요.

▶ 조선 시대 세종 때 청계천의 물 높이를 재기 위해 세운 수표석도 살펴보세요. 수표석은 영조 때 청계천 바닥에 쌓인 흙과 모래 등을 파낸 다음 다시 세워졌어요.

▶ 청계천 판잣집 체험관도 있어요. 청계천 복원 전인 1960년 무렵의 청계천 주변 판잣집을 재현한 거예요. 잡화점이나 만화가게 등을 체험할 수도 있고, 당시의 교복을 입어 볼 수도 있어요.

청계천 판잣집 체험관

금강을 여행해요

금강은 '비단처럼 아름다운 강'이라는 뜻이에요.
호수처럼 잔잔하다고 해서 '호강', 곰의 전설을 담아 '웅진강'이라 불렸지요.
금강은 전라북도와 충청남북도 구석구석을 촉촉이 적셔 주고,
우리나라에서 겨울을 보내는 철새들의 편안한 쉼터도 되어 줘요.
물길 따라 백제 역사 유적 지구를 구경하며 금강을 여행해 봐요!

구불구불 아름다운 강, 금강

오늘 기다리고 기다리던 여름 방학식을 했어. 방학식이 끝나고 나는 교문 앞에서 예원이와 만나서 집까지 빠르게 달려갔어. 신이 나서 몸이 둥둥 떠오르는 것 같았지. 왜냐고? 아빠와 캠핑을 가기로 약속했거든!

집에 다 와 가는데 아빠가 차 안에서 예원이와 나를 보며 손을 흔들었어. 아빠는 더 늦으면 차가 많이 막힐 거라며 서둘러 출발하자고 했어. 우리는 차를 타고 시내를 벗어나 차들이 씽씽 달리는 고속도로를 달렸어.

"얘들아, 오늘은 어느 강을 여행하고 어디서 캠핑하기로 했는지 기억하니?"

아빠가 자동차 앞에 달린 거울로 예원이와 나를 보며 물었어.

"금강!"

"무주!"

예원이와 나는 큰 소리로 번갈아 대답했어.

"맞았어! 아빠가 목적지에 도착하기 전에 금강이 어떤 강인지 이야기해 줄게."

예원이와 나는 아빠 말에 귀를 기울였어.

"금강의 '금'은 아름다운 '비단'을 뜻해. 다시 말해서 금강은 '비단처럼 아름다운 강'이라는 뜻이야. 금강은 아빠가 여행해 본 강 중에서도 가장 아름다운 강이었단다. 애들아, 우리나라의 큰 강은 대부분 어디에서 어디로 흐르는지 기억하니?"

"동쪽에서 서쪽으로!"

"와, 예원이가 기억력이 정말 좋구나!"

아빠의 칭찬에 예원이의 어깨가 으쓱 올라갔어.

"맞아. 하지만 금강은 흐르는 방향이 좀 달라. 전라북도 장수군 '뜬봉샘'에서 시작되는 금강은 서해와 만나기 전까지 충청북도와 충청남도, 전라북도 땅을 반원 모양을 그리며 흐른단다."

"아빠! 아빠는 금강에서 어디가 제일 좋았어?"

예원이가 아빠의 윗도리를 살짝 잡아당기며 말했어.

"음…… 아빠가 젊었을 때 친구들이랑 금강을 따라 길을 걸은 적이 있어. 금강 상류 근처였는데, 봄꽃이 활짝 핀 마을 주변으로 강물이 굽이굽이 흐르고, 강 옆으로 산이 병풍처럼 펼쳐져 있었지. 그 모습이 무척 아름다워서 잊을 수가 없구나."

"구불구불? 뱀처럼?"

나는 팔로 구불구불 기어가는 뱀을 흉내 내며 물었어.

"하하하, 맞아! 그래서 산의 절벽 아래나 백사장을 구불구불 흐르는 하천을 '사행천'이라고 해. 뱀이 기어가는 모양처럼 흐른다고 해서 붙은 이름이야. 또는 '곡류천'이라고도 하는데, 산이 많은 산간 지역 사이를 흐르면 '감입 곡류천', 하천이 낮고 넓은 땅 위를 구불구불 흐르면 '자유 곡류천'이라고 한단다. 금강 중상류에는 감입 곡류천이 많지. 그런데 우리나라 감입 곡류천은 원래는 낮은 땅 위를 구불구불 흐르는 하천이었다가 높은 산들 사이를 흐르게 된 경우가 많아."

"정말? 어떻게?"

나는 눈을 동그랗게 뜨고 물었어.

자유 곡류천이 감입 곡류천으로

① 원래는 낮은 땅 위를 구불구불 흐르던 자유 곡류천이었어요.

융기

② 거대한 지구의 힘을 받아 강 주변 땅이 솟아 오르고(융기) 강 바닥은 깊어졌어요.

③ 높은 산들 사이를 흐르는 감입 곡류천이 되었어요.

"약 2300만 년 전 우리나라의 지표면은 거대한 지구의 힘을 받아 크게 움직였단다. 그때 강 주위의 땅이 솟아올라 산이 되고, 강바닥은 점점 깊어졌지. 금강, 남한강, 동강은 원래 낮은 땅 위를 흐르는 하천이었는데, 그때의 힘으로 지금과 같은 모습이 된 거야."

"우아!"

아빠의 말에 나는 무척 놀랐어. 그러자 예원이가 갑자기 손뼉을 쳤어.

"아빠, 우리 높은 데로 올라가자! 그러면 강이 어떻게 흐르는지 잘 보일 거야, 그치?"

예원이 말에 아빠가 손가락으로 오케이 표시를 했어.

나는 창밖으로 지나가는 푸른 산과 강들을 보면서 지구의 힘이 정말 대단하다고 생각했어. 그리고 예원이랑 캠핑 가서 뭘 하고 놀지 얘기하며 금강에 빨리 가고 싶다는 생각을 했지.

반딧불이가 날아다니는 여울과 소

우리는 계곡이 있고 나무가 우거진 캠핑장에 도착했어. 차에서 내려 평평한 바닥에 텐트를 치자, 금세 멋진 집이 뚝딱 생겼지. 우리는 계곡으로 달려가 텐트를 치며 흘린 땀을 맑은 물로 깨끗이 씻어 냈어.

"으, 물 진짜 차갑다! 몸이 얼 것만 같아."

나는 몸을 부르르 떨며 말했어.

"그렇지? 이 시원하고 맑은 계곡물은 금강으로 흘러간단다. 작은 계곡물들이 모이고 모여 커다란 금강을 이루는 거지."

아빠가 수건으로 얼굴과 목을 닦으며 말했어. 그때 예원이가 먼 곳을 손가락으로 가리켰어.

"저기 봐! 물거품이 엄청 많아."

예원이가 가리킨 곳에는 계곡에서 힘차게 내려온 물이 커다란 바위에 부딪혀 하얀 물거품이 계속 일어나고 있었어.

"아빠, 지난여름에 놀러 갔던 강 기억나? 거기도 저기처럼 물소리가 크고, 거품

도 많았는데……. 강바닥에 큰 자갈도 많았는데, 아빠가 자갈 사이에 물고기 알이 있으니까 조심하라고 했잖아."

"응, 기억나. 여울이 많은 강이었지."

"여울? 그게 뭐야?"

"여울은 강바닥의 높고 낮은 경사 때문에 물살이 세게 흐르는 곳이야. 여울에는 보통 크고 작은 자갈이 많아. 강물이 자갈에 부딪히다 보니 물소리가 크고, 그러면서 공기 중에 있는 산소가 강물에 잘 녹아들어 거품도 많이 일어나.

여울은 수심이 얕고 경사가 급해서 물살이 빨라요. 자갈도 많지요.

여울 주변은 산소가 풍부해서 물고기들이 알을 낳기에 좋단다."

"물고기들도 신선한 공기를 좋아하나 봐."

"그럼! 여울과 반대로 강이 깊고 물살이 느린 곳은 '소'라고 해. 소의 바닥은 고운 모래로 이루어져 있어."

아빠 말을 듣던 예원이가 킥킥 웃었어.

"소가 '음매—' 하고 울잖아. 강에 있는 소도 음매 소리를 내지 않을까?"

나는 예원이 말에 웃음이 났어. 그러자 아빠가 고개를 절레절레 저었어.

"소는 물이 깊은 곳이야. 바닥이 잘 보이지 않고 아주 위험한 곳이지. 그러니까 소에

> **반딧불이를 왜 '개똥벌레'라고 부를까?**
> 옛사람들은 풀이나 짚, 또는 가축의 배설물을 썩힌 거름인 두엄 근처에서 반딧불이 불빛을 종종 봤어요. 사람들은 반딧불이가 개똥이 변한 벌레라고 생각해서 개똥벌레라고 불렀답니다.

는 가지 않도록 조심해야 해, 알았지?"

우리는 아빠를 보며 고개를 끄덕였어.

"너희를 데리고 무주에 온 건 이유가 있어. 바로 반딧불이를 보여 주고 싶어서야."

"반딧불이가 뭐야?"

예원이가 고개를 갸웃했어.

"몸에서 빛이 나는 작은 곤충인데, '개똥벌레'라고도 해. 전깃불처럼 환한 빛을 내는 건 아니지만, 볼수록 신비롭고 신기하단다."

"몸에서 어떻게 빛이 나?"

"몸속에 있는 화학 물질이 화학 반응을 하면서 빛이 나는 거란다."

나는 반딧불이가 어떻게 생겼는지 궁금해서 스마트폰으로 반딧불이를 검색했어. 그러자 배에서 연한 노란색 빛이 나는 반딧불이가 나왔어. 예원이는 반딧불이가 작고 귀엽게 생겼다며 좋아했어.

"아빠, 그럼 여기서 반딧불이를 볼 수 있는 거야?"

예원이가 주위를 두리번거리며 말했어.

"응. 지금은 낮이니까 못 보고, 밤에는 볼 수 있을 거야."

"그런데 이상해. 서울에서는 밤에 반딧불이를 한번도 못 봤는데?"

"도시에는 반딧불이가 먹을 만한 게 없어. 반딧불이는 이곳처럼 공기가 깨끗하고 물이 오염되지 않은, 사람들의 발길이 뜸한 곳에 살아. 반딧불이 애벌레는 달팽이나 다슬기, 논우렁을 먹고 자라는데, 이런 먹이들은 산소가 많이 들어 있는 1, 2급수의 깨끗한 물에서만 살거든."

"도시에 먹이가 많아져서 반딧불이가 살 수 있으면 좋겠다."

예원이 말에 아빠가 고개를 끄덕였어.

"여기처럼 여울과 소가 알맞게 반복되는 강은 반딧불이 같은 생물들이 살기 좋아. 강물은 여울과 소를 지나면서 깨끗해지거든. 아, 또 땀이 나네? 얘들아, 우리 오랜만에 계곡에서 실컷 놀아 볼까?"

"좋아!"

우리는 계곡에서 신나게 물장난하고, 둥글고 큰 바위에 올라 미끄럼도 실컷 탔어. 시간 가는 줄도 모르게 재미있게 놀았지.

우리는 저녁밥을 먹고 반딧불이를 찾으러 갔어. 아빠가 반딧불이는 아름다운 불빛 때문에 '땅 위의 별'이라고 불린다고 했어. 나는 반딧불이를 볼 생각에 가슴이 두근거렸어.

불빛으로 짝짓기를

우리나라에서 발견된 반딧불이는 여덟 종인데, 늦반딧불이와 파파리반딧불이, 애반딧불이를 가장 많이 볼 수 있어요. 반딧불이는 해가 지고 30분 정도가 지나면 활동을 시작해요. 보통은 수컷은 날개가 있고, 암컷은 날개가 없어요. 수컷이 불빛을 반짝이며 날아다니면 풀숲에 있는 암컷이 마음에 드는 수컷을 향해 불빛으로 신호를 보내 좋아하는 짝을 찾아요.

금강 하구의 모습이 변했다고?

이틀 동안의 캠핑은 진짜 재미있었어. 우리는 일요일 아침에 짐을 꾸려서 집으로 떠날 준비를 했어. 그런데 아빠가 집으로 가기 전에 두 곳만 더 들렀다 가면 어떻겠냐고 물었어.

"나는 어디든 좋아! 우리 빨리 가자!"

예원이가 잔뜩 신난 목소리로 외치자 아빠가 큰 소리로 웃었어. 하지만 예원이와 나는 차에 타자마자 잠이 들었고, 눈을 뜨자 멀리 넓은 강과 강을 가로지른 긴 다리가 보였어.

"아빠, 여기가 어디야? 저기 신기하게 생긴 다리가 있어."

"해운이 일어났구나! 여긴 금강과 서해가 만나는 금강 하구야. 저 다리는 금강 하굿둑이야. 물의 양을 조절하려고 설치한 문인 수문이 있어서 보통 다리들하고는 모양이 달라."

"근데 하굿둑이 뭐야?"

막 잠에서 깬 예원이가 기지개를 켜며 물었어.

"강물이 바다로 흘러 들어가는 어귀를 '하구'라고 하고, 바닷물이 강으로 들어오는 걸 막으려고 하구에 만든 댐을 '하굿둑'이라고 해. 금강 하굿둑은 수문을 조절해서, 서해의 짠물이 강물 쪽으로 들어가 농작물에 피해가 생기는 걸 막아 준단다. 또 하굿둑은 하천 양옆 지역을 연결해 주는 교통로가 되기도 해. 금강 하굿둑은 충청남도 서천과 전라북도 군산을 이어 주는 다리 역할을 하고 있지."

"하굿둑이 문도 되고, 다리도 되는 거

> **바닷물과 강물이 만나는 하구역**
>
> 하구역은 바닷물과 강물이 섞여 있는 곳으로, '기수역'이라고도 해요. 소금기가 있는 이곳은 갈대, 천일사초, 민물에서 자라는 버드나무와 물억새도 자라지요. 갯벌에서 볼 수 있는 콩게와 말똥게 등이 살고, 검독수리와 재두루미도 볼 수 있어요.

하굿둑 수문을 열거나 닫으면서 물 높이를 조절해요.

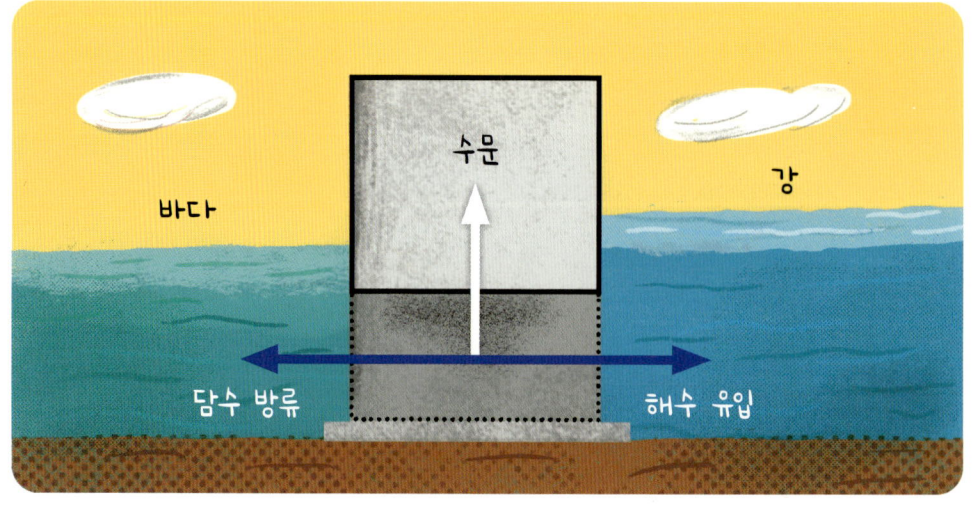

네? 그럼 문은 언제 닫고 언제 열어?"

"해운이가 좋은 질문을 했어! 우리나라에서는 하굿둑을 기준으로 강물의 높이를 바닷물의 높이보다 높게 유지하면서 수문을 열어 강물을 바다로 내보내고 있어. 반대로 바닷물의 높이가 강물의 높이보다 20센티미터 이상 높아지면 수문을 닫지. 또 홍수가 나서 강물이 넘칠 때 수문을 열어 강물을 바다로 내보내기도 한단다."

아빠와 말하는 동안 어느새 차는 금강 하굿둑이 잘 보이는 주차장에 멈췄어. 차에서 내린 우리는 파란 하늘 아래 유유히 흘러가는 금강을 바라보았어.

"근데 아빠는 왜 여기 오고 싶었어?"

예원이가 아빠를 올려다보며 물었어.

"금강 하굿둑을 보여 주면서 금강 이야기를 들려주고 싶었거든. 얘들아, 아빠가 어렸을 땐 금강 하굿둑이 없었어. 대신 바닷물과 강물이 섞이는 금강 하구 부근에 어마어마하게 넓은 갈대밭이 있었지. 키가 크고 튼튼한 갈대가 많아서 근처 주민들은 갈대로 자리, 빗자루, 모자 같은 걸 만들어서 장에 팔았어. 하지만 하굿둑이 생기고 개펄이 사라지면서 갈대도 자연스럽게 없어졌어."

"갈대가 다 없어진 거야?"

"서천 쪽에 조금 남아 있기는 해. 개펄 대부분은 벼농사를 지을 수 있는 농경지로 변했단다. 대신 금강 하굿둑이 만들어지면서 금강 하구에서 색다른 모습을 볼 수 있게 되었어."

나는 아빠 말에 주위를 빙 둘러보았지만, 특별한 것은 보이지 않았어.

하굿둑이 없는 한강
우리나라의 큰 강인 금강과 낙동강, 영산강 하구에는 하굿둑이 있어요. 하지만 한강에는 하굿둑이 없어요. 하굿둑이 북쪽에 있는 북한과 남한을 잇는 다리 역할을 할 수 있기 때문이지요.

"지금은 여름이니까 잘 보이지 않지만, 가을 추수가 끝나고 찬바람이 불기 시작하면 북쪽에서 수천 킬로미터를 날아온 수많은 철새를 볼 수 있어."

"진짜 멋지겠다! 그런데 왜 철새들이 여기로 오는 거야?"

"해조류와 곡식 같은 먹이를 찾아서 오는 거야. 여러 종류의 철새들이 셀 수 없이 많이 날아오는데, 가장 으뜸은 가창오리 떼야."

예원이가 그런 이름은 처음 듣는다는 표정을 지었어.

"가창오리는 무리 지어 나는 모습이 정말 멋지단다. 하늘을 나는 모습이 어떨 때는 마치 물고기 떼가 바닷속을 헤엄치는 모습 같기도 하고, 어떨 때는 비행접시가 떠 있는 모습 같기도 해. 아주 다양한 모습을 볼 수 있지. 게다가 가창오리들이 무리 지어 동시에 움직일 때 들려오는 소리는 보는 사람들의 입을 떡 벌어지게 할 만큼 아주 웅장하단다."

예원이의 입에서 "와!" 하는 감탄이 흘러나왔어.

"가창오리는 원래 러시아와 몽골 지역에 살아. 하지만 겨울이 되면 너무 추워서 먹이가 없기 때문에 겨울을 보내려고 우리나라로 온단다. 가장 먼저 충청남도 태안에 있는 '천수만'이라는 곳에서 머물다가, 추워지면 금강 하구에 머무르고, 더 추워지면 남해안까지 내려갔다가 겨울이 지나면 고향으로 돌아가. 무리 지어 이동하기 때문에 가창오리의 수가 많아 보이지만, 실은 우리나라에서 겨울을 보내는 수가 전 세계 살아 있는 가창오리의 전부란다. 그래서 가창오리는 법으로 보호받고 있어."

"아빠, 우리 겨울에 다시 와서 꼭 가창오리 떼 구경하자! 하굿둑이 생겨서 갈대가 사라진 건 아쉽지만, 농작물 피해를 줄여 주고 철새들이 많이 날아오게 된 건 좋은 일인 것 같아."

내가 아빠를 보며 말했어. 아빠는 하굿둑의 단점도 말해 줬어. 하굿둑이 만들어지면서 바닷물과 강물 사이를 오가는 물고기들의 서식처와 산란장이 없어졌고, 그곳에 사는 많은 식물이 사라졌다고 했어. 또 강의 상류에서 떠내려온 여러 물질이 바다로 자연스럽게 빠져나가지 못해 하굿둑 안에 수질 오염이 생긴다고 했지.

"얘들아, 금강 하굿둑을 자세히 보면 '어도'가 있어. 어도는 강과 바다를 오가며 사는 웅어, 은어, 실뱀장어 같은 물고기들이 지나다니는 길이야. 물고기들을 위한 길도 필요하니까 만든 거란다."

우리는 어도를 구경하고, 아빠가 보여 주고 싶어 했던 두 번째 장소로 출발했어. 아빠는 그곳에 '뜬다리 부두'가 있다고 했어. 나는 '뜬다리'가 무엇인지 물어보았지만, 아빠는 가서 직접 확인해 보자고 했어. 출발하기 전에 예원이와 나는 금강 하구를 향해 철새들이 올 때 또 오겠다고 말하며 손을 크게 흔들었어.

우리 강 놀이터

금강과 더 친해져요!

뜬다리 부두

진포 해양 테마 공원

일제 강점기와 해군의 역사를 볼 수 있는
군산항

⊙ 장소 : 전라북도 군산시 소룡동

군산은 금강과 서해가 만나는 곳에 있는 도시예요. 군산항은 1876년 일본과 맺은 불평등 조약인 강화도 조약에 의해 1899년에 개항한 항구이지요.

▶ 군산항 진흙 벌 위에는 '부잔교'라고도 불리는 뜬다리 부두가 서 있어요. 뜬다리 부두는 크고 무거운 추를 이용해서 물이 들어오는 밀물 때는 다리가 물 위로 떠오르고, 물이 빠져나가는 썰물 때는 다리가 물 아래로 내려가도록 설계되어 있어요. 이곳은 원래 밀물과 썰물 때의 물 높이 차가 커서 배를 대기 어려웠어요. 일제 강점기인 1930년 전후에 일본인들은 이곳에 뜬다리 부두를 만들어 전라북도에서 수확한 우리 쌀을 배에 실어 일본으로 가져갔지요.

▶ 진포 해양 테마 공원에서는 진포 대첩의 역사를 배울 수 있어요. '진포'는 군산의 옛 이름인데, 고려 말 최무선 장군이 500여 척의 왜선을 물리친 전쟁이 진포 대첩이에요. 군함 전시관에 들어가면 진포 대첩을 재현한 모습과 당시에 쓰였던 무기, 최무선이 만들었던 화포의 모형 등을 볼 수 있어요. 또 현재 우리 해군의 장비도 살펴볼 수 있답니다.

금강이 한눈에 내려다보이는
공산성

⊙ 장소 : 충청남도 공주시 금성동 53-51

공산성은 백제가 한강에 있던 위례성을 떠나 475년 공주 금강 근처의 산과 계곡을 따라 지은 두 번째 성이에요.

▶ 고구려나 조선의 수도에 있는 성들은 성을 중심으로 남쪽에 강이 있고, 북쪽에 산이 있어요. 하지만 공산성은 그 반대예요. 백제는 북쪽에 있는 고구려의 침입을 막기 위해 북쪽에 있는 금강을 해자로 이용했기 때문이에요. 해자는 적의 침입을 막으려고 성 둘레로 판 못을 말해요.

▶ 공산성은 고구려와의 전쟁을 피해 다급하게 지은 성이라 규모가 크지 않아요. 하지만 백성들이 편안하게 살 수 있도록 우물을 만들고, 적에게 들키지 않고 군인과 백성이 드나들 수 있도록 암문 등을 만들었어요. 원래는 흙으로 만든 토성이었지만, 조선 시대 때 둘레가 2킬로미터가 넘는 성벽을 돌로 다시 쌓았어요.

▶ 북쪽 성곽을 따라 걸으며 금강을 둘러보세요. 북쪽에 있는 공북루에 오르면 금강과 금강 철교가 시원스레 잘 보여요.

공산성과 금강

만하루와 연지

부소산성

낙화암

아름다운 백마강이 보이는
부소산성

⊙ 장소 : 충청남도 부여군 부여읍 관북리

부여에서는 금강을 백마강이라고 불러요. 부소산성은 538년 백제 성왕 때 부여에 있는 부소산 꼭대기를 중심으로 지은 세 번째 성이에요. 당시 부여의 이름이 '사비'였기 때문에 '사비성'이라고 불렸어요.

▶ 부소산성은 많은 부분이 부소산과 금강으로 둘러싸여 있지만, 동쪽에 있는 금성산이 낮아서 신라군을 막기에는 부족했어요. 그래서 백제는 부소산성 주위에 우리나라 최초로 나성을 만들었어요. 성 밖으로 다시 성을 둘러쌓은 것이지요. 백제는 부소산성을 짓고 약 120년 동안 이어졌지만, 660년 신라와 당나라의 침입으로 멸망했어요.

▶ 산책로를 따라 걸으며 백제의 성충, 흥수, 계백 장군을 기리는 삼충사와 여러 유적지를 둘러보세요. 부소산을 더 오르면 큰 바위인 낙화암이 있고, 백마강의 멋진 모습을 볼 수 있어요.

낙동강을 여행해요

낙동강은 '가야'의 동쪽, '낙양'의 동쪽 강이라는 뜻이에요.
삼국 시대에는 '황산강', 고려 시대에는 '낙수', '가야진'으로 불렸지요.
경상북도와 경상남도를 굽이굽이 흐르는 낙동강은 우리나라에서 가장 긴 강이에요.
물돌이와 배후 습지, 철새 도래지 등 다양한 강의 모습을 볼 수 있어요.
강을 따라 가야와 신라의 문화를 느낄 수 있는 낙동강을 같이 여행해 봐요.

우리나라에서 가장 긴 강, 낙동강

예원이는 집에 오자마자 엄마에게 금강을 여행하면서 있었던 일을 종알종알 이야기했어. 저녁밥을 먹으면서도 예원이 입은 쉬지 않았지. 나랑 아빠는 예원이 말에 맞장구쳐 주며 여행 이야기를 계속했어.

"나는 같이 못 가서 할 이야기가 없네. 왠지 낙동강 오리알이 된 기분이야."

"낙동강 오리알? 그게 무슨 말이야?"

엄마가 시무룩하게 말하자 예원이가 알 수 없다는 표정으로 물었어.

"하하하! 낙동강 오리알은 사람들 사이에서 떨어져 나오거나 외톨이가 된 사람을 말해. 가족 여행을 같이 못 간 엄마의 처지가 낙동강 오리알 같아서 한 말이야."

예원이가 "그렇구나!" 하며 고개를 끄덕였어. 이야기를 듣던 아빠는 곰곰 생각하다가 뭔가 결심한 듯 고개를 끄덕였어.

"얘들아, 이번 주에는 낙동강에 가자."

예원이는 낙동강에서 오리알을 꼭 찾을 거라며 두 주먹을 불끈 쥐었어.

토요일 아침 일찍 우리는 낙동강을 향해 출발했어. 차가 잠깐 멈췄을 때 아빠는 우리를 돌아보며 말했어.

"해운아, 예원아! 영남 지역이 어디인지 아니?"

"영남? 거기가 어디야? 영욱이랑 이름이 비슷하다!"

나는 우리 반 최고 장난꾸러기 영욱이가 떠올랐어.

"하하! 그러게, 사람 이름과 비슷하구나. 영남은 '고개의 남쪽'이라는 뜻이야. 경상북도와 충청북도 사이에는 조령과 죽령이라는 두 고개가 있는데, 영남 지역은 두 고개의 남쪽인 경상도 땅을 가리켜. 우리가 여행할 낙동강은 영남 지역의 4분의 3을 흐르는 큰 강이면서 우리나라에서 가장 긴 강이란다."

"정말? 한강보다 더 길어?"

예원이가 놀란 목소리로 물었어.

"응. 한강의 길이가 약 500킬로미터인데, 낙동강이 한강보다 20킬로미터 정도 더 길어. 낙동강은 강의 하구도 넓어서, 상류에서 떠내려온 모래와 흙 같은 퇴적물이 1만 년 넘게 쌓여서 만들어진 삼각형 모양의 넓고 편평한 땅도 있어. 이런 땅을 '삼각주'라고 하는데, 낙동강 삼각주는 '김해 삼각주'라고도 해."

"낙동강 삼각주가 얼마나 넓은데?"

"남북 길이가 약 25킬로미터, 동서 길이는 15킬로미터로 아주아주 넓어. 안에는 비행기가 뜨고 내리는 공항도 있어. 바로 김해 공항이야."

"공항이 있다니! 낙동강 삼각주가 크기는 정말 큰가 보다."

나는 우리가 여행했던 한강과 금강에도 삼각주가 있는지 궁금해져서 물어보았어. 그

낙동강을 여행해요

삼각주가 만들어지는 과정

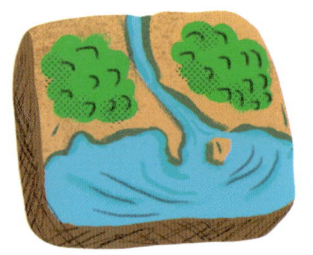
① 강물이 하류로 흘러 내려오면서 모래와 흙 같은 것도 함께 내려와요.

② 모래와 흙 같은 퇴적물이 많으면 하구의 양쪽 연안을 따라 쌓여요.

③ 조차가 작고 파도가 약하면 퇴적물이 계속 쌓이며 삼각주가 만들어져요.

러자 아빠가 오른손 엄지손가락을 치켜세웠어.

"좋은 질문이야! 한강과 금강이 흘러가는 서해도 모래나 흙이 많이 쌓여. 하지만 서해는 밀물과 썰물의 차, 다시 말해서 조차가 커서 삼각주가 아니라 갯벌이 만들어져. 반대로 남해안은 밀물과 썰물의 차가 작고, 하구에 있는 섬들이 파도를 막아 줘서 상류에서 내려온 퇴적물이 차곡차곡 쌓여 삼각주가 잘 만들어진단다."

"그럼 동해는?"

"동해는 조차가 크지 않지만, 바다가 깊고 파도가 활발하게 일어나서 삼각주가 만들어지지 않아. 해마다 낙동강 하구에 쌓이는 모래와 흙은 약 1천만 톤이 넘는단다. 양이 어마어마하지? 그래서 낙동강 하구는 우리나라에서 땅의 변화가 가장 큰 곳이야."

"그럼 비가 많이 오면 강물이 더 많은 모래와 흙을 하구에 쌓아 놓겠네?"

아빠 말을 듣던 예원이가 말했어.

"맞아. 그래서 특히 여름에 퇴적물이 많이 쌓인단다."

사주

낙동강 하구에는 대마등, 백합등 같은 사주도 있어요. 사주는 바다로 흘러 들어간 모래가 파도에 의해 다시 해안으로 밀려와 길게 쌓인 땅을 말해요. 사주는 손등, 콧등처럼 주변보다 볼록하게 솟아서 이름에 '등'이 붙어요.

아빠는 이집트의 나일강, 미국의 미시시피강, 독일의 라인강, 베트남의 메콩강 하구에도 아주 넓은 삼각주가 있다고 했어. 이런 삼각주는 오랫동안 쌓인 퇴적물 덕분에 토양이 무척 기름져서 일찍부터 벼농사가 발달하고 다양한 작물이 자란대.

예원이가 내 어깨를 툭툭 쳤어. 예원이는 엄지와 검지로 삼각형을 만들면서 말했어.

"오빠, 내가 삼각주를 만들었어. 이 삼각주 안에 비행장도 있고, 오리알도 있어. 어때, 멋지지?"

나도 예원이를 따라 손가락으로 삼각주를 만들어 '해운이 삼각주'라고 이름 붙였어. 나는 예원이와 장난을 치다가 창밖을 보았어. 고속도로 옆으로 파란 낙동강이 보였지.

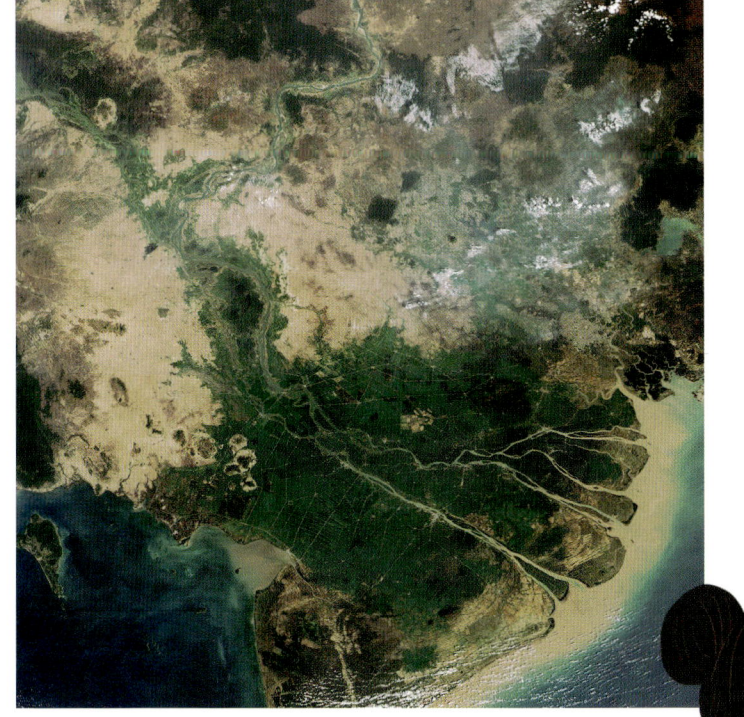

인공위성에서 찍은 메콩강 삼각주예요.

강물이 휘감아 도는 마을, 하회 마을

아빠는 낙동강을 보러 가장 먼저 안동 하회 마을로 가자고 했어. 나는 '하회'라는 말을 전에 들은 적이 있는데 언제였는지 기억이 잘 나지 않아서 곰곰 생각했어.

"아, 생각났다! 아빠, 공원 축제에서 하회탈을 만든 적이 있어. 하회 마을에서 만든 탈이 하회탈이야?"

"맞아. 하회탈은 하회 마을에서 만들어져 내려오는 나무 탈이야. 국보로 지정되었을 만큼 오랜 전통과 역사를 지녔지."

"아빠, 그런데 '하회'가 무슨 뜻이야?"

빨간 딸기 젤리를 우물우물 먹던 예원이가 물었어.

"하회는 한자어 그대로 풀면 '물이 돌다.'라는 뜻이야. 하회 마을은 낙동강 물이 마을을 감싸며 크게 휘돌아 흘러서 붙은 이름이란다. 우리말로는 물이 돌아가는 동네라 해서 '물돌이동'이라고 해."

"그렇구나! 나는 물돌이동이 맘에 쏙 들어. 물에 동동

하회탈은 하회 별신굿 탈놀이에서 쓰이는 나무 탈이에요.

하회탈과 안동 국제 탈춤 페스티벌

하회탈은 국보 제121호로, 12세기 무렵에 만들어졌어요. 보는 방향에 따라 다른 느낌을 주는 것이 큰 특징이지요. 안동에서는 해마다 9월 말에서 10월 초에 '안동 국제 탈춤 페스티벌'이 열려요. 우리나라 탈춤의 역사와 세계의 가면 등을 볼 수 있는 아주 재미있는 축제랍니다.

하회 마을은 전통적인 기와집과 초가집으로 가득해요.

떠 있는 느낌이야."

 예원이가 젤리 한 봉지를 다 먹어 갈 때쯤 우리는 하회 마을 주차장에 도착했어. 차 안에서 봤을 때는 햇볕이 쨍쨍해서 무척 더울 거 같았는데, 차에서 내리니 바람이 불어서 생각보다 덥지 않았어. 우리는 나란히 손을 잡고 하회 마을로 걸어 들어갔어.

 하회 마을은 입구부터 곳곳에 하회탈이 많이 걸려 있었어. 활짝 웃는 모습이 마치 우리를 반갑게 맞이해 주는 것 같았지. 아빠는 전통적인 기와집과 초가집들로 가득한 하회 마을은 대대로 풍산 류씨들이 모여 사는 동성 마을로, 경주에 있는 양동 마을과 함께 우리나라에서 열 번째로 유네스코 세계 유산에 등재되었다고 했어.

 우리는 좁은 옛날 골목을 이곳저곳 걸었어. 마치 옛날 사람이 된 것 같은 기분이 들

낙동강 물이 휘감아 흐르는 하회 마을.

었지. 우리는 마을을 구경한 다음 낙동강을 보러 갔어. 마을에서 소나무 숲을 지나자 바로 낙동강이 보였어.

"와, 진짜 아빠 말대로 마을 둘레로 강물이 흐르네? 저기 봐, 다리가 있어!"

예원이는 햇빛에 반짝이는 강물 위로 사람들이 건너고 있는 다리를 손가락으로 가리켰어.

"저 다리는 낙동강을 건너려고 만든 섶다리야. 우리 이따가 섶다리를 건너서 부용대

> **하회 마을과 서애 유성룡**
> 17세기 이후 하회 마을에는 서당과 서원, 정사가 많았어요. 서당과 서원은 학생들을 가르치는 곳이고, 정사는 선비와 학자들이 책을 읽으며 마음을 수양했던 곳입니다. 풍산 류씨 중에는 조선 선조 때 뛰어난 학자였던 서애 유성룡이 있어요. 유성룡은 이순신과 권율 장군이 임진왜란에서 잘 싸울 수 있도록 도왔고, 임진왜란을 기록한 책인 《징비록》을 썼어요.

라는 절벽에 올라가 보자. 부용대에 오르면 하회 마을의 전체 모습과 낙동강 물이 마을을 휘감아 흐르는 것이 잘 보인단다."

"응, 좋아!"

예원이와 내가 큰 소리로 대답했어. 아빠가 강을 구경하는 동안 우리는 모래 위를 뛰어다니며 놀았어.

"그런데 얘들아, 낙동강 물이 마을을 돌아 흐르는 이유가 뭔지 아니?"

우리는 아빠의 갑작스런 질문에 고개를 저었어.

"그건 바로 안동 주변에 있는 단층 때문이란다."

"단층이 뭔데?"

예원이가 아빠를 보며 물었어.

"지구의 표면은 자갈이나 모래, 진흙 등이 굳어 만들어진 두꺼운 암석으로 이루어져 있어. 암석은 여러 개의 층으로 되어 있는데, 이것을 '지층'이라고 하지. 지층이 지구 내부의 힘 때문에 갈라져 어긋나는 현상을 '단층'이라고 해. 며칠 전에 먹었던 크고 두툼한 크림빵 생각나니? 해운이가 두 손으로 잡고 있다가 예원이가 툭 치는 바람에 크림빵이 좀 어그러졌잖아. 크림빵을 지층, 어그러진 크림빵을 단층이라고 생각하면 쉬워."

"아하! 이해했어."

예원이가 무릎을 탁 치며 말했어.

"단층에는 크고 작은 금이 있는데, 단층이 물과 만나면 물은 단층의

지각 변동으로 지층이 갈라져서 어긋난 지형이 단층이에요. 어긋나서 벌어진 틈으로 물이 들어가면서 강이 발달해요.

금 사이로 스며들게 돼. 물이 오랫동안 단층에 스며들면 어떻게 될까?"

나랑 예원이는 모르겠다는 얼굴로 서로를 바라보았어.

"물의 힘 때문에 금이 점점 벌어져. 다시 말해서 단층에 강물이 오래 스며들면서 강이 발달하게 되는 거야. 안동 지역의 단층은 동서 방향으로 발달했어. 남쪽으로 내려오던 낙동강 물은 안동의 단층을 따라 오랫동안 스며들면서 동쪽보다 높이가 낮은 서쪽으로 꺾인 거야."

"단층 때문에 강물의 방향이 바뀐 거네."

내 말에 아빠가 고개를 끄덕였어.

"안동 단층을 따라 흐르던 낙동강 물은 다시 하회 마을에서 남북으로 크게 돌아. 남북이 서로 다른 암석으로 이루어졌기 때문이야. 하회 마을의 북쪽은 주로 화강암, 남쪽은 퇴적암으로 이루어졌어. 화강암은 물과 계속 접촉하면 쉽게 깎이지만, 퇴적암은 단단해서 화강암보다 물에 덜 깎이지. 이런 일이 오랫동안 반복되면서 하회 마을의 물길이 바뀌게 된 거란다. 우리가 밟고 있는 이 모래들도 하회 마을 주위를 흐르는 빠른 강물이 암석 등을 깎아 물살이 느린 곳에 쌓아 둔 거란다."

"진짜? 강물이 바위를 이렇게 작은 모래로 만들었단 말이야?"

안동 주변에 있는 바위들의 성질이 달라서 물길이 굽었어요.

부용대는 하회 마을을 마주보고 있는 절벽으로, 태백 산맥의 맨 끝부분이에요.

내 말에 아빠가 고개를 끄덕였어요. 예원이는 폴짝폴짝 뛰며 노래를 부르기 시작했어.

"바윗돌 깨뜨려 돌덩이. 돌덩이 깨뜨려 돌멩이. 돌멩이 깨뜨려 자갈돌. 자갈돌 깨뜨려 모래알. 랄라랄랄라 랄랄라, 랄라랄랄라 랄랄라♬ 어때? 나 노래 잘 부르지?"

아빠가 환하게 웃었어. 나는 시원하게 흐르는 강물과 발밑에 있는 하얀 모래들을 보았어. 지금도 강물이 열심히 무언가를 만들고 있다는 생각에 강물이 정말 대단해 보였어.

우리는 섶다리를 건너 부용대로 갔어. 부용대에서 바라본 하회 마을은 푸른 산과 강과 어우러져 정말 멋졌어. 예원이와 나는 두 팔을 높이 들고 "야호!"를 외쳤어.

낙동강이 만든 우포늪

하회 마을 근처에서 잠을 잔 우리는 다음 날 아침 우포늪으로 출발했어. 아빠는 우포늪이 우리나라에서 가장 큰 늪으로, 무려 1억 4천 년 전에 만들어졌다고 했어. 그러자 예원이가 갑자기 얼굴을 찡그리며 자기는 우포늪에 절대 가지 않겠다고 했어. 나는 왜 그러냐고 물었지.

습지의 종류
바다에서 멀리 떨어진 육지에 있는 습지는 '내륙 습지', 바닷가에 있는 습지는 '해안 습지'라고 해요. 내륙 습지에는 늪과 호수가 있고, 강과 호수 근처에 발달한 배후 습지와 산에 있는 산악 습지가 있어요. 해안 습지에는 갯벌이 있어요.

"늪에 악어가 살지 몰라. 늪지대가 나타나면 악어 떼가 나온다는 노래가 있잖아. 나는 악어 싫어!"

예원이가 고개를 절레절레 흔들자 아빠가 껄껄껄 웃었어.

"걱정 마, 우포늪에는 악어가 없으니까. 대신 우포늪에는 아름다운 자연이 가득하고 너희가 재미있게 구경하고 놀 게 많으니까 기대해도 좋아!"

그런데 늪은 어떤 곳일까? 나는 궁금해서 아빠에게 물어보았어.

"늪은 항상 물에 젖어 있는 땅이야. 강처럼 물이 흐르지 않고 늘 고여 있지. 물이 완전히 빠졌을 때는 깊이가 6미터 이하이고 땅이 습하기 때문에 '습지'라고도 해. 우리가 가는 우포늪은 낙동강 하류에 있는 경상남도 창녕군에 있어. 창녕은 땅이 낮아서 예부터 여름에 비가 조금만 와도 강물이 잘 넘치던 곳이지. 지금도 장마철에 물이 불어나면 우포늪에 물이 많아져 위험하기 때문에 탐방로를 폐쇄하기도 해."

"아빠, 몇 주 전에 비가 많이 왔잖아. 괜히 갔다가 구경도 못 하면 어떡해?"

내가 걱정스런 얼굴로 물었어.

"벌써 아빠가 창녕군에 전화해서 확인했어. 지금은 물이 많이 빠져서 탐방하기에는 문제없대. 실은 아빠도 우포늪 여행이 처음이야. 매번 가 보고 싶었지만 못 갔지. 그래서 이번 낙동강 여행 때는 꼭 가야겠다고 다짐했어."

"왜 꼭 가고 싶었는데?"

예원이가 운전석에 있는 아빠에게 물었어.

"우포늪은 원시적인 자

연의 신비를 간직한 곳이거든. 우포늪은 지구에 공룡들이 살았던 시기에 만들어졌어. 늪 주변 퇴적암에 남아 있는 공룡 발자국 화석과 빗방울 화석을 보면 그 사실을 알 수 있단다. 아빠는 너희와 함께 오랫동안 다양한 동식물이 어우러져 살아 온 우포늪을 직접 눈으로 보고, 손으로 만져 보고, 자연의 향기를 맡아 보고 싶었어. 낙동강 여행인 만큼 우포늪이 빙하기 때 낙동강의 영향으로 만들어졌다는 것도 가르쳐 주고 싶었고 말이야."

"근데 빙하기가 뭐야?"

내가 아빠를 향해 고개를 쭉 내밀며 물었어.

"빙하기는 아주 먼 옛날 지구의 기온이 오랜 시간 동안 내려가 지구가 얼음으로 덮였던 시기를 말해. 빙하기가 지나 낙동강 주변의 빙하,

다시 말해서 얼음덩어리들이 녹으면서 우포늪이 만들어졌단다."

"얼음 녹은 물이 땅으로 그대로 스며들어서 늪이 만들어진 거야?"

"하하, 아빠가 조금 더 자세히 설명해 줄게. 낙동강 주위의 빙하가 녹을 때 빙하와 함께 엄청난 양의 돌멩이와 모래가 낙동강으로 흘러내렸어. 빙하와 돌과 모래는 서서히 바다 쪽으로 흘러갔지. 그런데 비가 많이 와서 바닷물이 불어나자, 낙동강 물은 거꾸로 흘렀단다. 돌멩이와 모래가 물과 함께 다시 육지와 강 쪽으로 돌아온 거지. 그렇게 돌멩이와 모래가 낙동강과 바다를 오가면서 낙동강 하류와, 낙동강에서 갈라져 나온 물줄기인 토평천 주위에 자연스럽게 둑이 만들어졌고, 둑 안에 물이 고이면서 우포늪이 만들어진 거란다."

우포늪 3포 2벌

나랑 예원이는 정말 신기하다는 듯한 표정을 지었고, 아빠는 말을 이어 갔어.

"우포늪은 3포 2벌로 이루어져 있어. 3포는 우포, 목포, 사지포이고, 2벌은 쪽지벌, 산밖벌이지. 우포 크기만 해도 우리가 갔던 서울 여의도와 맞먹을 정도로 아주 크단다. 그리고 낙동강은 우포늪도 만들었지만, 곳곳에 멋진 자연 제방도 많이 만들었어."

"자연 제방? 그건 또 뭐야?"

예원이가 어리둥절한 표정을 지으며 물었어.

"낙동강 주위를 잘 살펴보면 강 주위로 두둑하게 솟은 땅을 많이 볼 수 있어. 그게 바로 자연 제방이야. 강에 비가 많이 오면 강물은 불어나서 흘러넘쳐. 이때 물에 섞여 있던 무거운 모래나 흙은 비가 그쳐 물이 빠지더라도 물길 양쪽에 고스란히 남지. 이렇게 밀려난 모래와 흙으로 자연스럽게 만들어진 둑이 자연 제방이야. 그런데 자연 제방

람사르 습지로 보호받는 우포늪

람사르 협약은 1971년 이란의 람사르에서 열린 국제회의에서 채택한 협약으로, 자연 자원 보존에 대한 최초의 협약이에요. 정식 명칭은 '물새 서식처로서 국제적으로 중요한 습지에 관한 협약'이지요. 우리나라는 1997년 101번째로 가입했어요. 람사르 습지에 등록된 우리나라 습지로는 경남 창녕의 우포늪, 강원도 인제의 용늪, 전남의 순천만, 신안군의 장도 습지 등이 있어요.

우포늪 형성 과정

① 낙동강 토평천 바닷물 역유입
빙하기가 끝나고 기온이 오르면서 육지의 빙하가 녹아 낙동강 주변 지형을 깎으며 하천을 만들었어요.

② 낙동강 토평천 자연 제방 형성
깎인 모래나 돌 등이 강물과 함께 바다로 흘러들어야 하는데, 해수면의 상승으로 바다로 가지 못하고 하천을 거슬러 올라왔어요.

③ 낙동강 우포늪 형성
낙동강 수위가 높아져 넘치게 되고, 낙동강으로 흘러들던 토평천도 넘치며 우포늪이 만들어졌어요.

이 물이 잘 안 빠지는 찰진 흙으로 되어 있으면 안쪽에 있던 물도 빠지지 못하고 고이게 돼. 예를 들어 구멍이 큰 깔때기에 모래를 흘리면 모래가 잘 빠지지만, 구멍이 작은 깔때기는 모래가 안 빠지고 남는 것처럼 말이야. 이런 일이 반복되면 물이 빠지지 못하는 곳에 물이 계속 고여 늪이 되는 거야."

아빠 말을 이해했다는 듯 빙그레 웃던 예원이가 창밖을 보았어.

"아빠, 저기 표지판에 '우포늪'이라고 쓰여 있어!"

주차장에 도착하고 차에서 내린 우리는 '우포늪 생명길'이라는 탐방로 지도를 보고 우포늪을 향해 걸어갔어. 곳곳에서 들리는 매미들의 우렁찬 소리에 맞춰 예원이랑 나는 매미 소리를 흉내 냈어.

"여름에는 우포에 초록색 물풀이 이불처럼 덮인단다. 목포에 가면 아주아주 큰 가시연꽃도 볼 수 있고 말이야. 얘들아, 어디부터 보러 갈까? 참, 늪 샛길을 살펴보면 너구리나 고라니 발자국도 볼 수 있다고 했는데…… 여기 있나?"

아빠가 주위를 두리번거리며 말했어. 아빠는 나와 예원이보다 더 신나 보였어.

아빠는 우포늪에 마을 사람들이 '사랑 나무'라고 부르는 커다란 할아버지 나무가 있다고 했어. 할아버지 나무는 착한 소원은 다 들어주는 고마운 나무라고 했지. 나랑 예원이는 할아버지 나무를 만나면 소원을 빌기로 했어.

우리는 무슨 소원을 빌까 고민하다가 다시 우포늪 여기저기를 뛰어다니고 걸어 다니며 구경했어. 저녁 무렵 우리는 할아버지 나무 앞에서 두 손 모아 소원을 빌었지. 정말 신나는 날이었어.

우리 강 놀이터
낙동강과 더 친해져요!

금관가야의 역사가 살아 숨 쉬는
수로왕릉, 수로왕비릉, 구지봉

⊙ 장소 : 수로왕릉 - 경상남도 김해시 가락로93번길 26
    수로왕비릉, 구지봉 - 경상남도 김해시 가락로190번길 1

금관가야는 고구려, 백제, 신라가 있던 삼국 시대 이전 낙동강 하류에 있던 변한을 이룬 열두 개 나라 중 하나였어요. 열두 개 나라 중 가장 중심에 있던 나라였지요. 경상남도 김해시에 가면 금관가야의 흔적을 많이 볼 수 있어요.

▶ 수로왕릉은 금관가야의 첫 번째 왕 김수로왕(42~199)의 무덤이에요. 수로왕은 낙동강을 매우 중요하게 생각했어요. 변한의 여러 나라가 외국과 교류하려면 낙동강을 지나야 했거든요. 변한과 외국의 중요 거래 품목은 철이었어요. 외국인들은 변한에서 만든 품질 좋은 철제 무기와 농기구, 생활 도구 등을 좋아했지요. 국립 김해 박물관에 가면

수로왕릉

파사 석탑

변한의 철제 물건을 많이 볼 수 있어요.

▶ 수로왕비릉은 수로왕의 왕비 허황옥의 무덤이에요. 수로왕비는 48년에 인도의 야유타국에서 왔어요. 금관가야로 올 때 바다 신의 화를 잠재우려고 파사 석탑을 가지고 왔는데, 지금도 수로왕비릉에 잘 보존되어 있어요. 수로왕비가 인도 야유타국에서 왔다는 것은 수로왕릉에 있는 납릉정문에 새겨진 두 마리의 물고기 문양을 보고 알 수 있어요. 또 왕릉 왼쪽에 있는 비석에 새겨진 태양문도 증거이지요.

▶ 구지봉은 언덕 모양이 거북이를 닮아서 붙은 이름이에요. 《삼국유사》에는 가야 백성들이 훌륭한 왕이 나타나기를 기다리며 구지봉에서 노래 부르고 춤을 추자 하늘에서 황금 상자가 내려왔는데, 상자 안에서 나온 여섯 개의 황금알을 깨고 여섯 명의 왕이 태어났고, 그중 한 명이 수로왕이었다는 기록이 있어요.

《팔만대장경》이 보관된 해인사

⊙ 장소 : 경상남도 합천군 가야면 해인사길 122

1231년 몽골이 고려를 침략하자, 고려인들은 부처님의 힘으로 어려운 상황을 이겨 내려고 강화도에서 81,258장의 목판 불교 경전 《팔만대장경》을 만들었어요. 고려인들은 대장경을 안전하게 보관하기 위해 경상남도 합천 해인사로 옮겼어요.

대적광전

▶ 해인사에 있는 장경판전은 《팔만대장경》을 보관하려고 만든 목조 건물이에요. 750년이 지난 지금도 대장경이 잘 보관되어 있을 만큼 매우 잘 지어진 건물이지요. 앞뒤 창문의 크기와 벽면의 숯과 소금, 근처 계곡의 시원한 바람 덕분에 습기와 온도 조절이 잘돼요.

▶ 고려인들은 강화도에서 해인사까지 어떻게 《팔만대장경》을 옮겼을까요? 많은 사람들은 강화도에서 대장경을 배에 실어 서해와 남해를 지나 낙동강을 거슬러서 해인사로 가져왔다고 생각해요. 낙동강 물길이 험하지 않아서 가능했을 거라 보지요. 해인사에서는 해마다 대장경을 옮기는 것을 재연한 이운 행렬 행사가 열려요.

장경판전

이운 행렬

낙동강을 내려다볼 수 있는
김해 낙동강 레일 파크

⊙ 장소 : 경상남도 김해시 생림면 마사로473번길 41

철로 위를 달리는 자전거인 레일 바이크를 타고 낙동강을 감상해 봐요.

▶ 2010년 폐선된 낙동강 철교에서 생림 터널에 이르는 왕복 3킬로미터 구간을 레일 바이크를 타고 달려 봐요. 레일 바이크를 타고 낙동강 위를 건너 보세요. 철교 전망대에서 멋진 노을을 감상하고, 소원을 빌어 봐요.

섬진강을 여행해요

섬진강은 '모래가람', '다사강'으로 불리다가, 고려 초기에는 '두치강'으로도 불렸어요.
고려 우왕 11년 왜구가 섬진강에 침입했을 때 두꺼비 떼가 울어 왜구가 도망갔다는 전설로
두꺼비 '섬(蟾)' 자에 나루 '진(津)'을 붙여 '섬진강'이라고 부르게 되었지요.
섬진강은 전라남북도와 경상남도를 흐르는 매우 맑고 깨끗한 강이에요.
내장산, 지리산과 같은 아름다운 산과 그림처럼 예쁜 마을들을 볼 수 있는
섬진강을 여행해 봐요!

보물이 많은 강, 섬진강

"와! 아빠, 이게 뭐야? 물고기 잡을 때 쓰는 거 맞지?"

나는 차 트렁크에서 족대와 물고기 채집통을 발견했어. 친구 재훈이가 강에서 물고기를 아주 많이 잡은 적이 있다며 자랑해서 내가 아빠한테 부럽다고 했더니 아빠가 나 몰래 챙겨 왔나 봐.

"앗, 들키고 말았네. 해운이 깜짝 놀라게 해 주고 싶었는데……."

아빠가 머쓱한 표정을 지으며 바라보았어.

"아빠, 우리 물고기 잡으러 갈 거야?"

신이 난 예원이가 폴짝폴짝 뛰며 말했어.

"응. 이번에는 섬진강으로 가려고 해. 섬진강에 가서 물놀이도 하고 물고기도 많이 잡자."

나랑 예원이는 "와!" 하고 소리를 질렀어. 곧 우리는 차를 타고 섬진강

으로 출발했어.

"아빠, 섬진강 멀어? 근데 섬진강은 어떤 강이야? 낙동강만큼 멋져?"

노래를 한참 흥얼거리던 예원이가 물었어.

"섬진강은 전라북도 진안에 있는 데미샘에서 흘러 흘러 전라남도 광양만에서 남해와 만나는 길고 아름다운 강이야. 유난히 보물이 많은 강이지."

"보물? 그럼 우리 보물 찾으러 가는 거야? 와, 신난다!"

"섬진강은 상류부터 하류까지 보물이 구석구석 있어. 강에 사는 모든 것이 다 보물이

섬진강 봄길은 분홍 벚꽃, 노란 산수유꽃, 하얀 매화꽃 등이 어우러져 알록달록 아주 예뻐요.

지. 특히 섬진강에는 우리나라 큰 강에서는 잘 볼 수 없는 보물이 있는데, 너희 손톱만 한 '재첩'이라는 조개와 어른 손바닥만큼 큰 '강굴'이라는 조개야."

"그렇게 크고 작은 조개가 있어?"

예원이가 눈을 동그랗게 뜨고 말했어.

"재첩은 섬진강 하구 모래 속에 있는 플랑크톤을 먹고 사는, 영양이 풍부한 조개야. 강굴은 벚꽃이 피는 봄에만 잡을 수 있다고 해서 '벚굴'이라고도 부르는데, 불에 구워 먹거나 찜으로 먹으면 아주 고소해."

"나 조개 진짜 좋아하는데, 먹고 싶다!"

예원이가 입맛을 다셨어.

"섬진강에는 다른 보물도 많아. 바로 은어나 황어 같은 회귀성 물고기들이야. 강에서 태어나서 바다에서 살다가 알을 낳으려고 다시 강으로 돌아오는 물고기를 회귀성 물고기라고 하는데, 연어나 뱀장어가 있어. 이 물고기들도 다른 데서는 보기가 힘들단다."

"신기하다. 바다에서도 살고 강에서도 사는 물고기네? 그런데 왜 섬진강에서만 볼 수 있어?"

내가 물어보는 사이에 예원이가 스마트폰으로 은어를 검색해서 사진을 보여 주었어. 은어는 이름 그대로 은빛이 나는 멋진 물고기였어.

"얘들아, 하굿둑 기억나니? 강에 하굿둑이나 보, 둑이 있으면 물고기들이 자유롭게 지나다닐 수 없어. 섬진강 하구는 강물과 바닷물을 가로막는 하굿둑이 없어서 회귀성 물고기들이 많은 거란다. 회귀성 물고기 말고도 섬진강과 바다가 만나는 곳에 가면 또 특

섬진강 물고기

섬진강에는 약 아흔두 종의 물고기가 살고 있어요. 강의 상류에는 꺽지, 자가사리 등이 있고, 중류에서는 돌고기, 쉬리, 돌마자, 하류에서는 망둥어, 복어, 왜몰개 등을 볼 수 있어요. 특히 줄종개는 섬진강을 대표하는 물고기예요. 섬진강에 많이 사는 줄종개는 전 세계적으로 우리나라에서만 볼 수 있지요. 미꾸라지와 비슷하게 생겼고, 낮에는 모래에서 나와 먹이를 먹고 밤에는 모래 속에 숨는 습성이 있어요.

별한 보물이 있는데, 바로 '전어'라는 물고기야. '집 나간 며느리도 가을 전어 굽는 냄새에 돌아온다.'는 속담 들어 봤니?"

"그게 무슨 말이야? 며느리가 왜 집을 나가고, 전어 냄새에 왜 돌아와?"

예원이가 고개를 갸웃거렸어.

"하하하! 며느리가 왜 집을 나갔는지는 모르지만, 집 나간 사람이 맛이 그리워 집에 돌아올 정도로 전어가 맛있다는 뜻이야."

아빠 말을 들은 예원이가 이해했다는 듯 고개를 끄덕거렸어.

"아빠는 어릴 때 강에서 물고기를 아주 잘 잡았어. 오늘 아빠 실력을 보여 줄 테니까 기대하렴! 아, 벌써부터 신나는걸?"

운전을 하는 아빠 어깨가 들썩였어.

섬진강을 여행해요 85

　고속도로를 달리던 차는 점점 좁은 길을 달리더니 금방 맑은 물이 흐르는 섬진강에 도착했어. 섬진강에 도착하자마자 우리는 강에서 족대로 물고기를 잡고, 물안경을 쓰고 작고 까만 다슬기도 잡았어. 예원이는 잡은 걸 다 집으로 가져가 엄마한테 보여 줄 거라며 좋아했어. 하지만 아빠가 너무 많이 잡으면 강에 사는 생물이 점점 줄어들어 나중에는 다시 볼 수 없을 거라고 했어. 우리는 건강한 강을 위해 잡은 것들을 다시 강에 놓아주기로 했어.
　우리는 강물에 몸을 담그고 놀았어. 예원이는 강물 속에 있으면 부드러운 강물이 엄마처럼 꼭 안아 주는 기분이 든다고 좋아했어. 아빠가 저녁밥을 먹으러 가자고 큰 소리로 부를 때까지 우리는 섬진강에서 오래오래 놀았어.

물이 부족한 곳들을 적셔 주는 섬진강

우리는 섬진강 근처에서 하룻밤을 잤어. 아침밥을 든든히 먹은 다음, 차를 타고 꼬불꼬불한 산길을 한참 올라가 커다란 호수가 보이는 곳에서 내렸지. 호수는 푸른 산과 파란 하늘, 하얀 구름과 어우러져 정말 멋졌어. 아름다운 풍경에 눈이 휘둥그레진 우리를 보며 아빠가 말했어.

"이 호수의 이름은 '옥정호'야. 계절마다 다른 색깔을 뽐내는 아주 아름다운 인공 호수지."

"인공 호수? 소양호도 인공 호수였지? 소양호는 소양강 댐이 만들어지면서 생긴 거라고 했잖아. 그럼 옥정호 근처에도 댐이 있어?"

나는 한강 여행을 할 때 춘천에서 보았던 댐을 떠올리며 물어보았어.

"맞아, 여기서 내려가면 우리나라 최초의 다목적 댐인 섬진강 댐이 있단다. 1965년에 지어졌으니까 벌써 50년이 훌쩍 넘었구나. 옥정호는 섬진강 댐이 건설되기 훨씬 전인 1928년 일제 강점기 때 '운암제'라는 둑이 만들어지면서 생긴 호수였어. 운암제는 일본인들이 호남평야에서 벼농사를 짓는 데 물을 공급하려고 만든 댐이야."

"평야? 평야가 뭐야?"

"평야는 땅의 높낮이가 거의 없는 평평한 땅이야. 호남평야는 전라북도의 다섯 개 시와 세 개 군에 걸쳐 있는 평야로, 옛날부터 쌀이 많이 생산되던 곳이란다. 평야에서 벼농사가 잘되려면 무엇보다 물이 풍부해야 해. 하지만 호남평야 주위로 흐르는 만경강과 동진강의 물만으로는 벼농사를 짓기에 부족할 때가 많았지. 호남평야에서 쌀을 많이 수탈하고 싶었던 일본인들은 섬진강 물을 모아 사용하려고 운암제 저수지를 만들었어. 759미터 길이의 터널을 뚫어 운암제에 있는 물을 동진강 상류로 끌어내 호남평야로 보냈지."

"와, 사람이나 차가 다니는 터널이 아니라 물이 다니는 터널을 만든 거야?"

"응. 일본인들은 농사에 쓰고 남은 물로 전기를 생산하려고 운암 발전소도 만들었어. 그 뒤로 더 많은 쌀과 전력이 필요해지자 섬진강 상류에 섬진강 댐을 만들기 시작했지. 하지만 1945년 8.15 광복을 맞이하면서 섬진강 댐은 완성되지 못한 채 남게 되었어. 광복 이후에 다시 지으려고 했지만 바로 한국 전쟁이 일어났고, 결국 섬진강 댐은 전쟁이

끝나고 나서야 완성되었어. 그러다 보니 짓는 데 무려 25년이 걸렸단다."

"지금도 섬진강 댐 안에 있는 물이 터널로 흐르고 있어?"

"그럼, 터널을 통해 섬진강 수력 발전소로 이동한단다. 공식 명칭은 칠보 수력 발전소지만 말이야. 게다가 지금은 섬진강 물이 호남평야뿐만 아니라 계화 간척지도 함께 적셔 주고 있지. 그런데 섬진강 수력 발전소처럼 터널을 통해 물을 끌어온 다음 높이를 이용해 전력을 생산하는 발전소를 뭐라고 하는 줄 아니?"

우리는 아빠의 갑작스런 질문에 어리둥절했어.

"물 끌어온 발전소? 내 말이 맞지?"

"오, 예원이가 아빠 말을 귀담아듣고 있었구나! 그런데 조금 더 정확하게는 유역 변경식 발전소야."

예원이가 고개를 끄덕끄덕하며 '유역 변경식 발전소'를 따라 말했어.

"원래 섬진강 물은 흘러 흘러 남해와 만나지만, 사람들이 만든 댐과 터널을 지나 서해와도 만나고 있지. 여기서 좀 더 내려가면 일제 강점기 때 만들어진 운암제를 볼 수 있어. 아빠랑 같이 보러 갈까?"

우리는 손가락으로 OK 표시를 했어. 우리는 차를 타고 내려가 운암제를 보았어. 아빠는 운암제는 물의 양이 많으면 볼 수 없고, 가물어서 물이 적으면 보인다고 했어. 우리가 갔을 때는 약간 가물어서 운암제의 일부분만 볼 수 있었어. 오래된 운암제는 멀리서 봐도 엄청 낡아 보였어. 아빠는 운암제가 우리의 아픈 역사를 보여 주는 문화재라고 말했어. 우리는 보물도 많고, 이야기도 많은 섬진강을 따라 천천히 내려갔어.

계화 간척지

원래 계화도는 전라북도 바닷가에 있는 작은 섬으로, 썰물 때 육지와 연결되던 곳이었어요. 1963년 경제 개발로 계화도와 육지 사이를 흙으로 메우는 간척 사업이 진행되면서 계화도는 육지로 변했지요. 당시 섬진강 다목적 댐 건설로 집과 농사지을 땅을 잃은 약 1만 명의 수몰민이 계화도로 이주해 왔어요. 계화도는 1978년부터 쌀이 수확되기 시작했고, 지금도 곡창 지대로 유명해요.

강물이 커다란 바위에 구멍을 냈다고?

우리는 섬진강 길을 따라 걷다가 강을 가로지른 돌다리도 건너고, 강에서 납작한 돌을 주워 물수제비도 실컷 떴어. 아빠의 물수제비 솜씨는 정말 최고였지! 아빠가 어릴 때 강에서 많이 놀았다는 말은 거짓말이 아니었나 봐.

다시 차를 타고 강을 따라 내려오다가, 아빠가 보여 주고 싶은 것이 있다며 차를 세워 우리를 다시 강 쪽으로 데리고 갔어. 그곳에는 커다랗고 울퉁불퉁한 바위들이 무척 많았는데, 가까이에서 보니 바위마다 둥근 구멍들이 뚫려 있었어.

"아빠, 바위에 왜 이렇게 구멍이 많아? 어떤 구멍은 되게 크고 어떤 구멍은 작아."

예원이가 신기한지 쪼그리고 앉아 구멍을 뚫어지게 바라보았어.

"이 바위들은 단단한 화강암으로, 이 구멍들은 '돌개구멍'이라고 해. 속이 깊고 둥근 구멍이라는 뜻이야. 볼수록 신기하지?"

"응! 꼭 누가 큰 손가락으로 꾹꾹 눌러 놓은 것 같아."

"이 구멍들은 섬진강 물과 작은 자갈들이 만든 거란다."

"진짜?"

예원이와 내 눈이 커졌어.

"응. 여기는 섬진강의 상류로, 중류나 하류보다 물살이 빨라. 작은 자갈들이 상류의 빠른 물살에 섞여 내려가다 보면 바위를 깎아 아주 작은 구멍을 만든단다. 구멍 안으로 들어간 자갈들이 빠른 강물의 힘으로 반복적인 회전 운동을 하면 바위에 이렇게 큰 구멍이 만들어지는 거야. 바위에 구멍 한 개가 만들어지는 데 보통은 수만 년이 걸려."

"와, 정말 대단하다!"

아빠 말을 듣고 다시 보니 구멍이 더욱 특별해 보였어. 아빠는 유독 크고 깊은 구멍이 있는 바위를 보여 주며, 바위의 이름이 '요강 바위'라고 했어.

"오빠, 바위가 진짜 할아버지 집에 있는 요강처럼 생겼어. 근데 이 요강은 거인이 써야 할 것 같아. 무지무지 커!"

자갈들이 회전을 하면서 커다란 돌개구멍을 만들어요.

예원이가 바위를 보며 말했어. 내가 요강 바위를 더 잘 보려고 바위 구멍에 가까이 가자 아빠가 내 손을 꽉 잡았어.

"해운아, 조심해! 구멍이 크고 깊어서 빠지면 다쳐."

아빠 말을 듣고 나는 뒤로 한 걸음 물러났어.

"이 바위는 높이가 2미터가 넘고, 무게도 15톤이 넘어. 한국 전쟁이 일어났을 때는 이 구멍 안에 숨어서 목숨을 구한 사람들도 있단다."

"바위가 사람을 살린 거네? 정말 고마운 바위다."

아빠는 예원이 말에 고개를 끄덕였어.

"아빠가 요강 바위 이야기를 하나 더 들려줄게. 어느 날 요강 바위가 갑자기 사라졌어. 마을 사람들은 바위를 찾으려고 전국 방방곡곡을 알아보았고, 결국 바위는 경기도에 있는 비닐하우스에서 발견되었어. 바위를 훔친 사람은 바위가 멋있어서 자기 집 정원에 놓으려고 했던 거야. 하지만 어렵게 찾은 바위는 바로 섬진강으로 돌아오지 못하고 전라북도 남원지청 앞마당에 있다가 3년이 지나서야 돌아올 수 있었어."

이야기를 들은 나는 바위 도둑에게 무척 화가 났어. 소중한 섬진강 보물을 맘대로 훔쳐 간 거니까 말이야. 다시는 바위를 훔쳐 가는 나쁜 사람이 없으면 좋겠다고 생각했어. 우리는 다시 섬진강 길을 따라 걷다가 차를 타고 섬진강 하류로 갔어.

"아빠, 강을 계속 보면서 여행하니까 정말 좋아!"

예원이가 환하게 웃으며 말했어.

"아빠도 마찬가지야. 자, 그럼 아빠가 말한 보물들을 직접 눈으로 보고 먹으러 가 볼까?"

"우아, 재첩이랑 강굴, 은어, 전어 먹는 거야? 어디로 갈 건데?"

예원이가 눈을 반짝이며 물었어.

"화개 장터와 망덕 포구!"

나와 예원이는 함께 "좋아!"를 외쳤어. 햇빛에 반짝이는 섬진강 물은 캄캄한 하늘에 뜬 밝은 달처럼 우리가 가는 길을 계속 따라왔어.

나루터가 드문 섬진강

한강, 금강, 낙동강처럼 우리나라의 큰 강들은 예부터 나루터가 발달했어요. 하지만 섬진강은 아니었지요. 강에 바위가 많아 배가 드나들 수 없었거든요. 섬진강은 바위가 별로 없는 강의 하류에만 나루터가 있었어요.

우리 강 놀이터

섬진강과 더 친해져요!

이순신 장군을 만날 수 있는
남도 이순신 길

⊙ 장소 : 전라남도 구례군 산동면 계천리 199-1 산수유시목지 ~ 토지면 송정리 111 석주관 칠의사 사당

이순신은 1592년 임진왜란과 1597년 정유재란이 일어났을 때 나라와 백성을 위해 싸운 훌륭한 장군이에요. 이순신 장군이 전쟁 중에 걸었던 두 길을 남도 이순신 길을 통해 걸어 봐요.

▶ 이순신은 정유재란 중에 왕의 명령을 어겼다는 이유로 감옥에 갇혀요. 하지만 전쟁 상황이 심각해지자 왕은 이순신에게 백의종군하라고 하지요. '백의종군'은 벼슬 없이 전쟁에 나가 싸우는 것을 말해요. 명령을 받은 이순신이 한양에서 경상남도 합천까지 걸었던 길을 '백의종군로'라고 해요.

▶ 백의종군하던 이순신은 경상도, 전라도, 충청도 삼도 수군통제사가 되라는 왕의 명령을 받아요. 이순신이 해전을 준비하며 이동한 길이 '조선 수군 재건로'예요. 이후 명량 대첩에서 이순신은 배 열두 척으로 왜선 130여 척을 물리치는 위대한 승리를 거둬요.

조선 수군 출정 공원

전라도와 경상도가 만나는 곳에 있는
화개 장터와 남도 대교

⊙ 장소 : 화개 장터 - 경상남도 하동군 화개면 쌍계로 15

　　　　남도 대교 - 경상남도 하동군 화개면 탑리

화개 장터

화개 장터는 전라도에서 흘러온 섬진강과 경상도를 흘러온 화개천이 만나는 곳에 있는 전통 시장이에요. 바위가 많은 섬진강에서 돛단배가 들어올 수 있는 하류 지점에 있어서 예부터 남해의 섬사람들도 편하게 올 수 있었지요. 전라도와 경상도의 화합을 상징하는 다리인 남도 대교도 함께 살펴보아요.

▶ 화개 장터에는 나물, 채소, 생선 등 없는 게 없어요. 그중 가장 유명한 것은 임금님도 즐겨 마셨다는 녹차인 '화개차'예요. 지리산과 섬진강이 어우러진 곳에서 나는 화개차를 마시면 머리가 맑아진다고 해요. 화개 장터에 가면 익살스런 표정과 분장을 한 각설이도 볼 수 있어요. 각설이는 원래 춤을 추고 노래를 부르며 밥을 구걸하던 사람을 말해요. 재미있는 입담과 함께 신나게 가위질하며 엿을 파는 각설이를 만나 보세요.

▶ 화개 장터에는 3.1 운동 기념탑이 있어요. 1919년 4월 6일 300여 명의 사람들이 화개 장터에 모여 태극기를 높이 흔들며 독립을 외쳤지요.

▶ 남도 대교는 경상남도 하동군 화개면 탑리와 전라남도 구례군 간전면 운천리 사이의 섬진강을 가로지르는 다리예요. 파란색과 빨간색으로 이루어진 부드러운 곡선 모양의 아치형 다리는 멀리서도 눈에 띄어요.

남도 대교

소설 《토지》의 배경이 된
최 참판댁

⊙ 장소 : 경상남도 하동군 악양면 평사리길 66-7

소설가 박경리가 쓴 《토지》는 무려 26년 동안 쓴 우리나라의 대표 대하소설이에요. 구한말부터 일제 강점기를 거쳐 광복에 이르기까지의 격변의 기간 동안 지주 집안 최 참판 일가를 중심으로 펼쳐지는 이야기예요. 이야기의 중심 무대가 된 최 참판댁을 둘러보아요.

▶ 최 참판댁은 넓은 땅에 열네 동의 한옥과 조선 후기의 초가집, 유물 들을 볼 수 있어요. 옛날 외양간에서는 소와 닭 등의 가축들도 만나 볼 수 있어요.
▶ 최 참판댁은 수많은 영화와 드라마 촬영지가 되기도 했어요. 주위의 아름다운 지리산과 평사리의 넓은 들판도 함께 감상해 보세요.

최 참판댁

평사리

영산강을 여행해요

영산강은 옛날에는 '금강'이라고 불렸어요.
고려 공민왕 때 '영산도'라는 섬의 주민들이 나주로 와서
자신들의 터전을 '영산현'이라고 부른 것이 차차 강 이름이 되었지요.
전라남도와 광주광역시를 흐르는 영산강의 풍부한 강물은 주변에 있는
넓은 평야들을 흠뻑 적셔 줘요. 광주 비엔날레, 칠석 고싸움놀이 등
다양한 축제와 놀거리, 먹거리가 풍부한 영산강을 같이 여행해요!

호남의 젖줄, 영산강

여름 방학이 끝나기 일주일도 남지 않은 날이었어. 나는 예원이랑 텔레비전을 보며 아이스크림을 먹고 있었지. 예원이가 방학을 한 달 더 주면 좋겠다고 말하자 아빠가 "하하하!" 웃었어.

채널을 돌리던 나는 작은 기와집과 주위로 시원하게 흐르는 계곡물, 쭉쭉 뻗은 대나무들이 있는 곳에서 더위를 식히는 사람들의 모습을 보았어. 아빠에게 저기가 어디냐고 물었더니 담양에 있는 '소쇄원'이라고 했어.

"소쇄원은 조선 시대 때 '양산보'라는 사람이 만든 정원이야. '소쇄'는 맑고 깨끗하다는 뜻으로, 소쇄원을 사랑한 양산보는 자신의 호도 '소쇄옹'이라고 지었단다. 소쇄원은 한국의 옛 정원 중 으뜸으로 꼽혀. 계곡과 연못, 수많은 나무와 화초, 나무 다리 그리고 아담하고 단아한 건물들이 아주 자연스럽고 한국적이거든."

나는 소쇄원을 보면서 이렇게 더운 날 가면 얼마나 좋을까 생각했어. 그때 아빠가 물었어.

"내일이 토요일이지? 우리 내일 저기 갈까? 예원이는 어때?"

우리는 좋아서 아빠를 꼭 껴안았어.

다음 날 아침 우리는 고속버스 터미널에서 담양행 고속버스에 올라탔어.

"아빠, 뒷자리에 셋이 나란히 앉아서 가니까 진짜 좋다!"

가운데 앉은 예원이가 아빠에게 찰싹 기대며 말했어. 곧 승객들을 가득 태운 버스는 시내를 벗어나 고속도로를 씽씽 달렸어.

"얘들아, 오늘 우리는 담양으로 떠나서 호남의 젖줄이라고 불리는 영산강을 여행할 거야."

"영산강? 근데 '젖줄'이 뭐야?"

예원이가 아빠를 물끄러미 보며 물었어.

"영산강은 전라남도 담양 용추산 아래 가마골에서 시작해서 전라남도 구석구석과 광주광역시를 굽이굽이 흘러 서해로 흘러가는 강이야. 아기가 엄마 젖을 먹어야 크듯이 예부터 영산강이 호남의 여러 지역을 흐르며 곡식과 과일이 잘 자랄 수 있도록 해 줘서 영산강을 호남의 젖줄이라고 불렀어."

"그렇구나! 그런데 섬진강 여행할 때 섬진강이 물길을 바꿔서 호남평야를 적셔 준다고 했잖아. 호남평야랑 지금 말한 호남이 다른 거야?"

이번에는 내가 물었어.

"다르기도 하고, 같기도 해. 호남평야는 전라북도에 있는 우리나라 최대의 곡창 지대야. 쌀 같은 곡식류가 가장 많이 나는 곳이지. 호남은 지역적으로 전라남북도와 광주광역시를 가리키는 말이란다. 영산강은 전라도에 있는 넓은 평야들을 적셔 주는 고마운 강이야. 해운이가 텔레비전에서 봤던 담양 소쇄원도 영산강 줄기에 있어."

"아빠, 나는 소쇄원에 있는 키 큰 대나무들이 제일 멋져 보였어. 담양에 가면 대나무로 만든 부채랑 비누도 있고, 아이스크림도 만든대. 우리 담양 가면 대나무 아이스크림 꼭 먹자!"

예원이가 입맛을 다시며 말했어.

"그래, 그래. 그런데 얘들아, 영산강이 호남의 젖줄이라고 불릴 만큼 사람들에게 이로운 강이었다는 건 영산강 주위 너른 평야에 남아 있는 큰 옹관들을 보면 알 수 있어."

"옹관이 뭐야?"

"옹관은 항아리 모양의 관이야. '독널'이라고도 하지. 먼 옛날에는 사람이 죽으면 옹관 안에 사람을 넣고 땅에 묻었어. 영산강이 흐르는 나주시 반남면에 가면 반남 고분군이 있는데, 발견되었을 때 약 서른네 개나 되는 커다란 무덤이 거대한 군락을 이루고 있었어. 각 무덤 안에는 다섯 개가 넘는 옹관들이 있었지."

"무덤이 얼마나 큰데? 외할머니 산소보다 더 커?"

"그럼! 너른 평야 위에 작은 산처럼 봉긋하게 솟은 무덤들을 보면 고대 이집트 왕의 무덤인 피라미드를 보는 것 같은 기분이 든단다. 고분은 둥근 것도 있고 탁자처럼 생긴 것도 있고 모양이 무척 다양해."

"와, 진짜 신기하다! 아빠, 그럼 우리 나주에 가서 옹관 보는 거야?"

예원이가 눈을 반짝이며 물었어.

"그래, 반남 고분군 근처에 있는 국립 나주 박물관에 가서 보고 오자. 옹관도 크기나 모양이 무척 다양해서 둥글고 큰 공룡알처럼 생긴 것도 있고, 둥글 길쭉한 옹관도 있어."

"그런데 옹관은 누가 만든 거야?"

나는 궁금해하는 얼굴로 물었어.

"처음에는 옹관의 주인이 백제인인 줄 알았는데, 옹관 안에서 나온 여러 물건을 조사

하면서 마한의 유물이라는 걸 알아냈어."

"마한? 백제는 알겠는데, 마한은 어디야?"

"삼국 시대 전에 낙동강 지역에는 '변한'이라는 부족 국가가 있었고, 지금의 경상북도에는 '진한'이, 전라도와 충청도에는 '마한'이 있었어. 마한은 쉰네 개의 부족으로 이루어진 연맹 국가였는데, 규모가 변한과 진한보다 컸단다. 사람들은 영산강 지역에서 발견된 고분과 유물들을 보면서 마한의 건축 기술과 토기 기술이 어떠했는지 알아냈어. 또 토기를 통해 당시 농경 문화가 발달했다는 것도 알게 되었지. 이러한 유물들은 아주 오래전부터 영산강 지역이 사람들이 살기에 좋은 곳이었다는 것을 보여 주는 증거란다."

아빠는 마한인들의 옹관 안에서 금동관, 금동 신발, 청동 팔찌, 구슬 같은 화려한 장신구들도 발견됐다고 했어. 마한은 600년 넘게 계속되었지만, 아쉽게도 백제에 흡수되어 사라졌다고 했지.

"참! 나주에는 맛있는 곰탕집이 많은데, 나주에 가면 먹으러 가야겠다. 그나저나 점심 먹으려면 한참 남았는데 벌써 배가 출출한걸?"

아빠 말이 끝나자마자 아빠 배에서 꼬르륵 소리가 크게 들려서 우리는 깔깔 웃었어.

"근데 아빠, 곰탕은 곰이 들어간 탕이야? 나는 곰 먹는 거 싫은데……."

예원이가 입을 삐죽 내밀며 말하자 아빠가 껄껄 웃었어. 나는 창밖을 보며 국립 나주 박물관에 갈 생각에 두근거렸어.

영산강 지역의 고인돌

고인돌은 선사 시대의 대표적인 돌무덤으로, 우리나라에는 4만여 개가 있어요. 그중 2만여 개가 영산강 지역인 전라남도에 있어서, 선사 시대를 연구하는 세계 학자들의 주목을 받고 있어요.

나주 곰탕

곰탕은 소의 여러 부위를 넣고 끓인 국이에요. 나주 곰탕은 옛날 나주에 큰 장이 서면 백성들이 배불리 먹었던 음식으로, 나주를 대표하는 음식이에요.

조상들이 만든 녹색 댐, 관방제림

담양 고속버스 터미널에서 내린 우리는 담양에서 유명한 국수를 점심밥으로 먹고 뚜벅뚜벅 걸었어.

걷다 보니 큰 나무들이 많이 심긴 길 옆으로 강이 보였지.

"아빠, 저 강이 영산강이야?"

예원이가 유유히 흘러가는 강을 손가락으로 가리키며 물었어.

"응. 이곳은 담양군이니까 '담양천'이라고 불러. 가마골에서 시작된 영산강이 강천산에서 흐른 물과 만나고 거대한 인공 호수인 담양호를 지나, 여기 담양천이 되어 흐르는 거야. 담양천은 광주광역시와 나주 등을 지나면서 점점 더 넓고 큰 강이 돼."

"여기는 강이랑 사람이 다니는 길이랑 차가 다니는 길이 나란히 있네? 서울에도 이런 길이 있기는 해도 왠지 여기가 더 좋아."

나는 주변을 둘러보며 말했어.

"강과 나무가 잘 어우러져 조화를 이루고 있어서 그래. 우거진 나무 그늘 아래로 나무들이 뿜어내는 싱그러운 향기를 맡으면서 강을 보고 걸으면 누구든 기분이 좋아지지! 우리가 걷는 이 숲길은 약 200년 전에 우리 조상들이 만든 '관방제림'이라는 길이야."

"진짜 오래된 길이구나! 오래된 나무들이어서 키가 크고 울창한 건가?"

예원이가 나무들을 올려다보며 말했어.

"맞아. 이 나무들은 대부분 팽나무와 느티나무, 푸조나무, 이팝나무야. 관방제림은 조선 인조 때 담양 부사가 홍수와 가뭄 피해를 줄이고 물의 양을 조절하려고 만든 거란다."

"그럼 이 숲길이 댐 같은 역할을 했던 거야?"

"해운이 말이 딱 맞아. 지금처럼 과학과 기술이 발달하지 못한 옛날에는 물의 양을 조절하려고 손으로 직접 흙을 쌓아 둑을 만들고, 둑 위에 나무를 심었어. 실제로 하천 옆에 나무를 심어서 숲을 만들면 홍수와 가뭄, 태풍 같은 자연재해를 막는 데 효과가 있단다. 우리나라에는 자연재해를 막으려고 하천 옆에 숲을 만든 곳이 꽤 많은데, 규모나 효과 등 여러 면에서 관방제림이 으뜸이란다."

> **영산강 생태 답사 1번지 '담양 하천 습지'**
> 담양 하천 습지는 담양군과 광주광역시 사이에 있어요. 이곳에는 맹꽁이, 황조롱이와 더불어 쉰여덟 종의 조류와 200여 종에 달하는 식물이 살고 있지요. 우리나라 하천 습지 중 최초로 습지 보호 지역으로 지정되었어요.

"조상님들은 정말 똑똑했구나! 그럼 숲으로 만든 댐이니까 관방제림도 녹색 댐인 거네?"

아빠가 예원이 말이 맞다며 머리를 쓰다듬었어.

"얘들아, 정사에서 잠깐 쉬었다 갈까?"

나는 아빠가 가리킨 큰 나무 아래 정자로 후다닥 달려가 앉았어. 마루에 계시던 할머니가 예원이와 내가 귀엽다며 댓잎 도너츠를 나눠 주셨지. 허겁지겁 도너츠를 먹다가 켁켁대는 우리에게 아빠는 가방에서 물통을 꺼내 주며 말했어.

"영산강을 따라 걷다 보면 다른 강들과는 다른 영산강만의 특별한 점을 발견할 수 있단다."

"어떤 건데?"

"강 근처에 누정이 많다는 거야. 누정은 우리가 있는 이런 정자와 누각을 말하는데, 영산강 근처에만 600여 개의 누정이 있단다. 예부터 우리 조상들은 누정에서 시를 짓고 차를 마시고 공부도 하며, 다양한 모임과 체력 단련을 하기도 했어."

"조상님들은 왜 영산강 근처에 누정을 많이 지은 거야?"

"영산강은 물이 풍부하게 흐르고, 경치가 좋아서 혼자서든 여럿이든 멋과 낭만을 즐기기에 좋아서 그런 게 아닐까?"

아빠 무릎 위에 앉아 있던 예원이가 아빠를 돌아보며 말했어.

"그렇구나! 그런데 우리 다음에는 어디 갈 거야?"

"담양에 왔으니까 대나무 숲도 구경하고, 너희가 가고 싶어 하는 소쇄원에도 가야지."

"신난다! 그런데 우리 아이스크림 먼저 먹으면 안 돼?"

예원이가 아빠의 두 손을 잡아끌었어.

우리는 아이스크림을 먹으며 대나무가 많은 '죽녹원'에 갔어. 더운 날씨였지만 키 큰 대나무들이 따가운 햇빛을 가려 주고 가끔씩 불어오는 바람 덕분에 많이 덥지는 않았어. 우리는 대나무 숲에서 사진도 찍고 숨바꼭질도 하며 재미있게 놀았어.

죽녹원

강에 왜 등대가 있을까?

영산강 여행 둘째 날 아침, 우리는 파란색 버스를 타고 나주로 출발했어. 크고 넓은 영산강을 구경하고, 강에서 배도 타기로 했지. 나는 배를 무척 오랜만에 타는 거여서 무척 기대됐어.

우리는 버스를 타고 산과 강, 마을과 시내를 지나 영산강이 보이는 버스 정류장에서 내렸어. 거기에는 어제 본 담양천보다 훨씬 큰 영산강이 있었지.

"얘들아, 배 탈 시간이 아직 많이 남았으니까 저 아래에 있는 등대를 구경하고 가자."

나랑 예원이는 아빠를 따라 계단을 내려가 강 옆에 있는 길을 걸었어. 아빠가 걸음을 멈춘 곳에는 등대 하나가 우두커니 서 있었지.

"등대가 정말 작다. 완전 아기 등대야."

예원이가 등대를 둘러보며 말했어.

"영산포 등대? 그런데 이상하다. 등대는 바다에 있는 거 아니야?"

내가 등대 이름이 적힌 표지판을 보며 말했어.

"해운이 말이 맞아. 등대는 보통 밤에 어두운 바닷길을 환하게 비춰서 배들이 안전하게 다닐 수 있게 해 주지. 영산포 등대는 1915년부터 1981년까지 유일하게 바다가 아닌 강을 비춰 준 등대란다."

"그럼 이 등대도 배가 안전하게 다닐 수 있게 도와준 거야?"

내 말에 아빠가 고개를 끄덕였어.

"응. 옛날에 이곳에는 '영산포'라고 불리는 나루터가 있었어. 고려 시대부터 나주에 있었던 큰 나루터로, 항상 사람들로 북적거리고 주변에 큰 시장이 있었지. 영산포 등대는 일제 강점기 때 일본인들이 만들었어. 전라남도에서 수탈한 쌀을 영산포에 있는 배에 실어 서해를 통해 일본으로 안전하게 가져가려고 만든 거란다. 이 등대 덕분에 배 사고가 많이 줄었고, 강의 수위도 측정할 수 있었어.

등대에 새겨진 눈금이 보이지?"

"크기는 작아도 큰일을 했구나……. 그럼 지금은 안 써?"

예원이가 말했어.

"응. 영산강 하굿둑이 생기면서 영산강과 서해를 다니던 배들이 사라졌거든."

"아쉽다. 그럼 우리도 배 못 타는 거야?"

내가 강을 두리번거리며 말했어.

"걱정 마. 옛날 영산강을 다니던 황포 돛배처럼 생긴 배가 관광객들을 태우고 이곳부터 영산강 하굿둑까지 다니고 있으니까. 참, 영산포와 관련된 재미난 이야기가 있어. 너희 혹시 홍어 아니?"

"알아! 저번에 할아버지랑 아빠가 먹었잖아. 냄새가 이상했던 생선 말하는 거지?"

"맞아, 해운이가 잘 기억하고 있네. 고려 시대 서해에 있는 '영산도'라는 섬에 왜구들이 자주 침략해서 주민들을 괴롭혔단다. 주민들은 왜구를 피해 영산강을 거슬러 영산포에서 살게 되었지. 어느 날 주민들은 고향에서 즐겨 먹던 홍어를 배에 가득 싣고 올라오다가 시간이 오래 걸리는 바람에 그만 홍어가 상하고 말았어. 홍어를 버리기 아까웠던 주민들은 무심코 홍어를 먹었는데, 독특한 냄새와 톡 쏘는 맛이 아주 좋았지. 그 뒤로 영산도 주민들은 홍어를 잡으면 일부러 삭혀 먹었고, 그 맛이 호남 사람들에게 널리 퍼지게 되었단다."

"홍어가 그렇게 맛있어? 나도 다음에 꼭 먹어 봐야지!"

"그래, 다음에 꼭 같이 먹자. 앗, 배 출발 시간이 다 됐네? 이제 영산강을 더 잘 보러

바다에서 길을 잃었다가 돌아온 홍어 장사 '문순득'

문순득은 조선 후기에 살았던 사람이에요. 스물다섯 살 청년이었던 12월 어느 날, 배에 홍어를 싣고 영산포로 가다가 바다에서 돌풍을 만나 길을 잃고 말았어요. 문순득이 처음 도착한 곳은 일본의 오키나와였고, 필리핀과 중국의 난징, 베이징 등을 거쳤지요. 그렇게 3년이 지나서야 문순득은 고향으로 무사히 돌아왔어요. 당시 실학자였던 정약전은 문순득이 겪은 흥미진진한 사건과 이야기를 책 《표해시말》에 담았고, 오늘날까지 전해지고 있어요.

가 볼까?"

"응!"

우리는 선착장으로 뛰어갔어. 별명이 다람쥐인 예원이는 나보다 먼저 쌩하니 달려갔어.

사람들을 태운 배는 금세 영산강 물살을 가르며 앞으로 나아갔어. 나랑 예원이는 배 앞머리에 서서 배를 조종하는 선장 흉내도 내 보고, 멀리 지나가는 사람들과 차들을 향해 손 인사도 했어. 강물을 비추는 햇살도, 강으로 불어오는 바람도, 강가의 풀도 모든 것이 다 멋지고 좋았어.

우리 강 놀이터

영산강과 더 친해져요!

영산강이 흐르는 역사의 도시
나주

⊙ 장소 : 완사천 - 전라남도 나주시 송월동 1096-7
　　　　 나주 읍성지 - 전라남도 나주시 중앙동 100-3 동점문 | 서내동 118 서성문 | 남내동 2-20
　　　　 남고문 | 북망문길 25-1 북망문
　　　　 한국 전연 염색 박물관 - 전라남도 나주시 다시면 백호로 379

나주는 예부터 전라남도의 중심 도시였어요. '전라도'라는 지명이 전라북도에 있는 전주와 전라남도에 있는 나주의 앞 글자를 합한 것이라는 사실만 보아도 알 수 있지요. 나주에는 고려의 건국과 조선의 역사를 느낄 수 있는 곳이 많아요.

▶ 완사천은 고려를 건국한 왕건이 장화 황후를 만난 곳으로 유명해요. 왕건이 후고구려의 왕인 궁예의 신하였을 때, 후백제에서 가장 기름진 땅인 나주를 점령하려고 서해에서 영산강 하구를 거슬러 나주로 왔어요. 행군을 하던 중 '완사천'이라는, 오색빛이 비친 우물에서 장화 황후를 만났지요. 둘이 결혼하여 낳은 아들은 고려의 두 번째 왕인 혜종이 되었어요.

▶ 조선 시대 한양의 4대문인 흥인지문, 돈의문, 숭례문, 숙정문처럼 나주의 동점문, 서성문, 남고문,

북망문은 옛날 나주 읍성의 4대문으로, 저마다 다양한 생김새를 가지고 있어요.

조선 시대에는 나주를 '작은 한양'이라는 의미로 '소경'이라 불렀어요. 북쪽에 금성산이 있고, 남쪽에 영산강이 흐르는 나주의 모습이 북쪽에 북한산이 있고, 남쪽에 한강이 흐르는 한양과 비슷했거든요. 한양이 보고 싶어도 너무 멀어서 못 가는 사람들은 한양 대신 나주를 구경하기도 했어요.

▶ 금성관은 조선 시대 관리들이 머물던 객사예요. 오래되고 멋스런 큰 기와지붕과 600살이 넘은 은행나무가 있어요.

▶ 나주는 예부터 쪽, 황토, 치자, 뽕나무 등 염색 원료들을 재배하기에 좋아 천연 염색이 발달했어요. 한국 천연 염색 박물관에 가면 천연 염색의 역사를 배우고, 여러 가지 체험도 즐길 수 있어요.

남고문

한국 천연 염색 박물관

영산강와 서해가 만나는 항구 도시
목포

⊙ 장소 : 목포 근대 역사 문화 공간 - 전라남도 목포시 유달동 7

목포 해상 케이블카 - 전라남도 목포시 해양대학로 240

목포 평화 광장 - 전라남도 목포시 평화로 82

목포 어린이 바다 과학관 - 전라남도 목포시 삼학로92번길 98

목포는 서해안과 남해안의 중간 지점으로, 영산강으로 들어가는 중요한 위치에 있는 도시예요. 섬들과 육지를 이어 주면서 중국과 일본 등 여러 나라로 가는 길목에 위치해 있지요.

목포 근대 역사관

목포 해상 케이블카

목포 평화 광장

목포 어린이 바다 과학관

▶ 목포 근대 역사 문화 공간은 예전에 목포 일본 영사관이었던 목포 근대 역사관, 목포진 역사 공원, 일본식 가옥 등을 볼 수 있는 곳이에요. 바닷가 작은 마을이었던 목포는 1876년 강화도 조약 이후 서양 문물이 많이 들어왔어요. 일제 강점기와 광복 후에도 사람과 건물들이 많아지면서 바다를 메워 땅을 만들었고, 도시는 점점 넓어졌지요. 목포 근대 역사 문화 공간에는 당시 우리나라 근현대 역사와 생활을 보여 주는 것들이 많이 남아 있어요.

▶ 목포 해상 케이블카는 우리나라에서 가장 긴 케이블카로, 목포 시내에서 출발하여 반달섬 고하도에 도착해요. 아름다운 섬과 노을, 멋진 야경을 감상할 수 있어요.

▶ 목포 평화 광장은 원래 '미관 광장'이었는데, 고 김대중 대통령의 노벨 평화상 수상을 기념하여 2001년 이름이 바뀌었어요. 영산강과 서해를 동시에 볼 수 있고, 영산강을 가로지른 긴 심호 대교도 볼 수 있어요. 밤에는 화려한 바다 분수도 볼 수 있지요.

▶ 목포 어린이 바다 과학관은 바다에 대한 궁금증을 풀 수 있는 곳이에요. 심해 모형 잠수정, 갯벌 생태 수조, 갯벌 체험 등 다양한 볼거리와 체험 활동이 있어요.

압록강과 두만강을 여행하고 싶어요

압록강은 '강물빛이 오리 머리의 푸른빛과 같다.'는 뜻이에요.
고구려 때는 '청하'라고 불렀지요.
두만강은 '여러 갈래의 물이 여기로 합쳐진다.'는 뜻의 여진족 말이에요.
압록강은 총 길이가 803킬로미터로 한반도에서 가장 길고,
두만강은 547.8킬로미터로 두 번째로 긴 강이에요.
선사 시대 유물부터 고구려와 발해 등 우리나라의 역사와 문화가 가득 담긴 두 강을
자유롭게 여행할 날을 손꼽아 기다려 봐요.

압록강 단교

국경선 역할을 하는 압록강과 두만강

개학 날이었어. 교실은 방학 때 있었던 일을 이야기하느라 시끌시끌했어. 담임 선생님은 까매진 우리 얼굴을 보며 여름 방학을 건강하게 보낸 것 같다고 웃으며 말했어.

여름 방학에 있었던 일을 발표하는 시간에 나는 우리나라 강을 여행한 이야기를 들려줬어. 선생님은 참 좋은 여행을 했다며 엄지를 들어 올렸지. 저녁밥을 먹을 때 학교에서 있었던 일을 이야기하니까 예원이도 학교에서 우리 강 여행을 자랑했다고 했어.

밥을 다 먹고 나서 아빠가 말했어.

"오늘은 못 다한 강 여행을 더 해 볼까?"

나랑 예원이는 얼굴을 마주 보며 무슨 말인지 모

> **고구려의 수도 셋**
> 고구려의 첫 번째 도읍지는 동가강 유역에 있는 '졸본성'이에요. 지금의 중국 랴오닝성 환런현에 위치해 있지요. 두 번째 도읍지는 2대 왕이었던 유리왕이 정한 압록강 유역에 있는 '국내성'이고, 세 번째 도읍지는 20대 왕이었던 장수왕이 정한 '평양성'이에요.

르겠다는 듯 눈만 껌뻑거렸어.

아빠는 강 여행을 하기 전에 보여 줬던 우리나라 지도를 꺼내 거실 탁자 위에 활짝 펼쳤어. 지도의 북쪽을 손가락으로 가리키며 말했지.

"여기 우리나라에 있지만 자유롭게 볼 수 없는 두 강이 있어. 바로 압록강과 두만강이야. 오늘 저녁에는 이 두 강에 대해 알려 줄게. 아빠가 북한 국경선을 따라 손가락을 움직일 테니까 잘 봐, 알았지?"

우리는 지도를 더 자세히 들여다보았어. 그때 갑자기 예원이가 박수를 쳤어.

"알았다! 북한 국경선에 압록강과 두만강이 있어서 그런 거지? 내 말이 맞지?"

"딩동댕! 예원이가 아주 잘 봤어. 두 강은 북한의 국경선 역할을 하고 있어. 둘 다 백두산에서 시작되지만, 압록강은 서해로 흘러가고 두만강은 동해로 흘러간다는 차이가 있지. 지금은 압록강이 북한과 중국의 국경선 역할을 하지만, 고구려의 수도가 국내성이었을 때 압록강은 서울의 한강처럼 수도 중심을 흐르는 강이었단다."

"아빠, 책에서 고구려 지도를 본 적이 있는데, 고구려 땅이 엄청 넓었어. 그럼 우리 땅 크기가 지금이랑 많이 달랐던 거야?"

"오, 해운이가 잘 기억하고 있구나! 맞아, 고구려 땅은 중국의 동북 지역인 만주를 포함해서 훨씬 넓었어. 국내성은 약 400년 동안 고구려의 수도로서 큰 역할을 했단다. 압록강을 중심으로 주변에 있는 여러 물줄기를 통해 사람과 물자가 자유롭게 오갈 수 있었던 덕이 크지. 국내성 흔적은 중국 지린성 지안시 근처는 물론, 압록강 건너 북한 땅에도 남아 있단다. 안타깝게도 지금 우리는 중국에서만 그 흔적을 볼 수 있지만 말이야."

"아, 빨리 북한에도 자유롭게 오갈 수 있는 날이 오면 좋겠다!"

"아빠도 예원이랑 같은 마음이야. 고구려 이후에 생긴 나라인 발해는 고구려보다 더 넓은 땅을 갖고 있었어. 고려 시대에 와서는 아쉽게도 국경선이 압록강과 두만강 아래에 있었지. 그러다 조선의 4대 왕인 세종 대왕 때가 되어서 두 강이 국경선 역할을 하게 되었단다. 4군 6진을 개척하면서 조선의 땅은 고려 때보다 넓어졌지."

"4군 6진이 뭐야?"

내가 아빠를 보며 물었어.

"두만강 지역은 예부터 땅 모양이 험해서, 만주에 살던 여진족의 땅과 조선 땅의 경계가 분명하지 않았어. 그러다 조선 초기에 여진족이 우리 민족을 괴롭히자 세종 대왕은 '호랑이 장군'이라 불리던 김종서 장군을 두만강 쪽으로 보내 여진족을 두만강 밖으로 몰아냈지. 그렇게 국경을 정비하고서 두만강 근처에 여섯 고을을 만들었는데, 그곳이 바로 6진이야."

> **서희 장군의 담판**
>
> 고려 때에도 북쪽을 우리 땅으로 만들려고 꾸준히 노력했어요. 고려의 태조 왕건은 북진 정책을 펼쳤고, 4대 왕인 광종 때는 압록강 근처에 스물두 개의 성을 쌓았어요. 가장 유명한 인물은 서희 장군이에요. 서희 장군은 북쪽의 거란족과 전쟁을 하지 않고 지혜로운 말로 담판을 하여, 압록강에서 동쪽으로 약 85킬로미터에 이르는 곳을 고려 땅으로 만들었어요.

"김종서 장군은 진짜 무섭고 대단한 사람이었나 보다! 그럼 4군은?"

"당시 압록강 근처에서도 여진족이 사람들을 못살게 굴어서 평안도 도절제사인 최윤덕 장군이 압록강 일대의 국경을 정비하고 만든 행정 구역이 4군이야."

아빠는 4군과 6진이 표시된 조선의 지도를 보여 주며 그 후로도 많은 사람이 우리 땅을 지키려고 노력했다고 했어.

"지금도 세계 곳곳에서 국경선 때문에 전쟁이 일어나고 있어. 나라와 나라 사이 국경선을 정하는 일은 예나 지금이나 매우 중요하고 어려운 일이지. 또 예전에는 우리 땅이었지만 일제 강점기를 지나면서 중국과 러시아 땅이 되어 버린 곳도 있어. 잠깐만 기다려 봐."

아빠는 책장으로 가서 무언가를 꺼냈어. 우리는 호기심 가득한 눈으로 아빠를 바라보았어.

압록강과 두만강에 있는 섬

아빠가 우리에게 사진을 몇 장 보여 줬어. 강에 있는 다리 두 개를 찍은 사진이었어.

"아빠, 오른쪽 다리는 왜 끊어졌어?"

예원이가 사진을 보며 물었어.

"이 다리는 압록강 단교야. 일제 강점기인 1911년 일본이 우리나라 신의주에서 중국 단둥까지 가려고 만든 다리지. 1909년 서울에서 신의주까지 경의선을 건설한 일본이 기차로 중국으로 가려고 만들었는데, 다리 중앙에 철교가 있고 양쪽에 사람들이 다니는 보도가 있는 큰 다리였어. 한국 전쟁 때 우리나라로 들어오려는 중국 군인들을 막으려고 미국 공군이 폭파해서 지금은 끊어진 채로 남아 있어."

"그럼 안 끊어진 왼쪽 다리는 무슨 다리야?"

"압록강 철교야. 압록강 단교의 통행량이 많아지자 일본이 1943년에 만들었어. 압록강 철교도 한국 전쟁 때 미군의 폭격으로 끊어졌지만 나중에 중국이 다시 이었어. 압록강 철교는 북한과 중국으로 사람과 물자가 오가는 데 아주 중요한 다리란다. 중국과 북한을 이어 주는 신압록강 대교도 개통될 거야."

"중국 사람들은 좋겠다. 북한도 자유롭게 오갈 수 있고……."

그때 다른 사진들을 보고 있던 예원이가 사진 한 장을 집어 들었어. 빨간색 한자가 적힌 바위 앞에 아빠가 서 있는 사진이었어.

"돌에 뭐라고 쓰여 있는 기야?"

"아, 이 사진이 여기 있었구나! 이 한자는 '압록강'이라는 뜻이야. 중국 출장 가서 압록강 앞에서 찍은 사진인데, 압록강에서 유람선도 탔었지."

"정말? 압록강은 어땠어?"

예원이가 사진을 구석구석 살피며 물었어.

"아주 좋았어. 유람선에서 강물을 만져 보았는데, 과연 한반도에서 가장 높은 산인 백두산에서 흘러온 물답게 무척 차가웠어."

문득 나는 한강에 여의도와 밤섬이 있듯이

압록강에도 섬이 있는지 궁금했어.

"유람선에서 봤을 때는 섬들이 흐릿하게 보여서 자세히는 볼 수 없었어. 나중에 압록강에 대해 잘 아는 사람에게 물어봤더니 압록강에는 강 위에 보이는 섬만 40여 개, 물의 양에 따라 보였다가 안 보이는 섬만 200개가 넘는다고 하더라고."

"와, 진짜 많구나!"

"한반도에서 가장 큰 강이니까 섬도 많은 거지. 얘들아, 아빠가 문제를 낼 테니까 한번 맞혀 볼래? 북한과 중국의 국경선 역할을 하는 압록강은 어느 나라 강일까? 압록강 안에 있는 섬들은 어느 나라 섬일까?"

내가 고개를 갸웃거리는 동안 예원이가 손을 번쩍 들었어.

"둘 다 북한 거! 아니, 우리 거!"

아빠가 빙그레 웃었어.

"답은 압록강은 같이 사용하지만, 섬들은 북한 거야. 1962년 북한과 중국이 맺은 '조중 변계 조약'이라는 국경 조약에 따른 것이지. 유람선을 탄 그날 밤 아빠는 압록강을 오래 바라보았어. 중국 단둥은 화려한 불빛으로 가득했지만, 강 건너 북한 땅은 캄캄했지. 아빠는 다음에 다시 온다면 중국 땅이 아닌 북한 땅에서 압록강을 보고 싶다는 소원을 갖게 되었어. 그때는 우리 가족 모두 꼭 같이 가자."

나는 예원이랑 마주 보며 고개를 끄덕였어. 아빠는 국기 세 개가 바람에 펄럭이는 사진도 보여 주었어.

두만강 철교

팡촨 풍경구

러시아 중국 북한

"여기는 두만강 하류에 있는 중국 지린성 훈춘시 팡촨 풍경구야. 오른쪽부터 러시아, 중국, 북한 국기지. 이곳에 서 있으면 두만강을 가운데 두고 오른쪽으로 두만강시와 왼쪽 끝으로 러시아 하신시가 보이고, 멀리 두 도시를 연결한 두만강 철교가 보여."

"강을 사이에 두고 세 나라가 있는 거네?"

"그렇지. 만약 우리나라와 북한이 철도로 연결된다면 부산에서 기차를 타고 동해를 지나 휴전선을 넘어, 두만강 철교를 건너 러시아까지 갈 수 있어. 더 멀리 유럽까지도 갈 수 있고 말이야."

"진짜? 비행기나 배를 타지 않고도 기차로 다른 나라를 여행할 수 있는 거네?"

"그럼. 일제 강점기 때는 많은 사람이 우리나라에서 기차를 타고 중국과 유럽으로 갔었어."

아빠는 지도에서 부산이나 서울에서 기차를 타고 북한을 지나 어떻게 러시아와 중국에 갈 수 있는지 알려 줬어. 그리고 지도 위를 손가락으로 짚었지.

압록강과 두만강을 여행하고 싶어요 125

남북 철도망이 연결되면 동해선은 시베리아 횡단 철도와, 경의선은 중국 횡단 철도와 연결할 수 있어요. 그럼 기차를 타고 중국, 러시아를 비롯하여 유럽까지 여행을 할 수 있답니다.

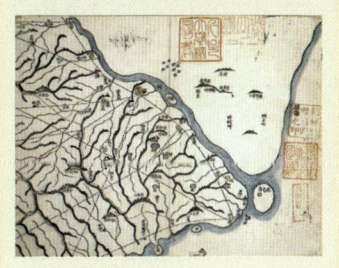

녹둔도가 표시된 〈대동여지도〉

〈대동여지도〉는 조선 후기 때 김정호가 만든 과학적인 지도예요. 스물두 권의 책으로 이루어져 있는데, 병풍처럼 접힌 책들을 이어 붙이면 거대한 조선 전도가 되지요. 이 지도에는 우리나라 산과 강이 모두 표시되어 있고, 녹둔도도 정확하게 표시되어 있어요.

"여기 두만강 하구에도 두만강 상류에서 떠내려온 흙과 모래 등이 쌓여서 만들어진 섬이 많아. 여기서 '녹둔도'라는 섬을 꼭 기억하자. 옛날에는 사슴이 많아서 '사마차도'라고도 불렸는데, 조선 세종 때 6진 개척으로 얻은 우리 땅이야. 이순신 장군이 지킨 곳이기도 하지."

"임진왜란 때 싸웠던 이순신 장군 말이야?"

"응. 여진족이 녹둔도에서 농사를 지으며 살던 우리 조상들을 괴롭히자 이순신 장군은 목숨을 걸고 싸웠어. 하지만 녹둔도는 1860년 중국 청나라와 러시아가 맺은 베이징 조약으로 러시아 땅이 되었지. 나중에 조선의 관리들이 러시아에 여러 차례 녹둔도를 돌려 달라고 했지만 번번이 무시당했어. 게다가 두만강 물살의 흐름이 바뀌면서 녹둔도는 흙과 모래로 점점 러시아 땅과 붙게 되었지."

"녹둔도를 꼭 되찾았으면 좋겠어."

"그러게 말이야. 지금은 압록강과 두만강에 대해 더 자세히 알고 싶어도 알 수가 없어. 하지만 아빠는 언젠가 두 강을 자유롭게 오가면서 더 깊이 알 수 있는 날이 올 거라고 믿어. 그날이 오면 아빠랑 압록강과 두만강에서 신나게 놀자!"

예원이와 나를 보는 아빠의 눈빛이 빛났어. 우리는 고개를 크게 끄덕였어.

갑자기 예원이가 아빠 옆에 찰싹 붙어 앉으며 말했어.

"아빠, 내일 토요일인데 우리 또 강으로 가자!"

아빠는 웃으며 고개를 끄덕였고, 우리 둘은 "만세!"를 불렀어.

음악 저작권

67쪽 〈돌과 물〉 - KOMCA 승인필

사진 저작권

19쪽 Jocelyndurrey, 23쪽 대한민국 역사 박물관, 24쪽 꾸렌, 32~33쪽 한국 관광 공사 김지호, 34쪽 Grayswoodsurrey(위)·서울 역사 박물관(아래), 35쪽 서울 시설 공단, 45쪽 Mike Lewinski, 47쪽 한국 관광 공사, 50쪽 한국 관광 공사 하남기, 53쪽 한국 관광 공사 이범수, 54쪽 대한민국 역사 박물관(위)·국립 중앙 박물관(아래), 55쪽 한국 관광 공사(위)·한국 관광 공사 이범수(아래), 61쪽 ESA, 62쪽 한국 관광 공사 라이브 스튜디오, 63쪽 Idobi, 64쪽 한국 관광 공사 김지호, 67쪽 Jongsun Lee, 68~69쪽 문화재청, 76~77쪽 문화재청, 78쪽 한국 관광 공사 이범수(위, 가운데)·한국 관광 공사 IR 스튜디오(아래), 83쪽 한국 관광 공사 라이브 스튜디오, 87쪽 임실군청, 91쪽 한국 관광 공사 김지호, 95쪽 구례군청, 96쪽 Piotrus, 97쪽 대한민국 역사 박물관, 101쪽 한국 관광 공사 김지호, 102쪽 국립 나주 박물관, 108쪽 한국 관광 공사 김지호, 110쪽 한국 관광 공사 김지호, 114쪽 한국 관광 공사(위)·한국 관광 공사 이범수(아래), 115쪽 박정욱(아래 왼쪽)·한국 관광 공사 이범수(아래 오른쪽), 122쪽 xue siyang(df45086)(위)·Fumihiko Ueno(아래), 123쪽 xue siyang(df45086), 125쪽 TowerCard(위)·Senkaku Islands(아래)